AMIR UND SAMIRA AHLER

Die 7 Schlüssel der Liebe

D1667350

Amir und Samira Ahler

Die 7 Schlüssel der Liebe

Das Praxis-Set
mit Buch und 49 Karten

HANS-NIETSCH-VERLAG

Redaktion: Katja Wolterstorff
Lektorat: Martina Klose
Korrektorat: Sylvia Schaible
Kartengestaltung: Peter Krafft
Gestaltung Karton und Buchumschlag: Peter Krafft
Innenlayout und Satz: Devam Will

Hans-Nietsch-Verlag
Postfach 228
79002 Freiburg

www.nietsch.de
info@nietsch.de

ISBN 978-3-939570-35-6

Inhalt

Vorwort

Liebe Leserinnen, liebe Leser,

die 49 Karten mit Begleitbuch zu den **7 Schlüsseln der Liebe** wollen euch eine heilsame Quelle der Inspiration sein und euch in euren Liebesbeziehungen unterstützen, der Liebe tagtäglich neu zu begegnen ... sie zu leben und sie zu feiern.

Vielleicht habt ihr euch eben erst verliebt und ihr seid euch noch gar nicht sicher, wie tief ihr euch wirklich einlassen wollt. Oder ihr seid gerade eine kurze Weile zusammen und euer Tête-à-Tête im siebten Himmel wird bereits ab und zu durch kleine Auseinandersetzungen gestört. Möglicherweise gehört ihr auch zu den mittlerweile eher selten anzutreffenden Paaren, die schon richtig lang zusammen sind, und sucht neue Impulse für eure Beziehung.

Wo auch immer ihr miteinander steht, die Karten zu den **7 Schlüsseln der Liebe** bringen euch mit dem lebendigen Strom der Liebe in euch in Kontakt. In diesem Begleitbuch erfahrt ihr etwas über den theoretischen Hintergrund der **7 Schlüssel der Liebe** und bekommt praktische Übungen an die Hand, die euch direkt zur Essenz der Karten führen. Die **Karten der Liebe** wurzeln in der jahrtausendealten chinesischen Weisheitslehre des TAO, die uns allen im Alltag unserer Beziehung als unschätzbarer Wegweiser dienen kann. Sie wird auch euch sicher durch die Unwegsamkeiten des Beziehungsalltages führen ... immer tiefer in euch selbst hinein ... zur Quelle der Liebe.

Viele spannende, erfüllte und glückliche Momente auf eurer gemeinsamen Reise wünschen euch

im Mai 2009

Amir **und** *Samira Ahler*

Einführung

In einer glücklichen Beziehung leben", das steht bei den meisten Menschen ganz oben auf ihrer persönlichen Wunschliste. Wir Menschen haben das Bedürfnis danach, mit jemandem verbunden zu sein, den wir lieben und von dem wir geliebt werden. Eine erfüllte Partnerschaft ist für die meisten Menschen sogar wichtiger als beruflicher und finanzieller Erfolg.

Die Realität sieht jedoch oft anders aus: Viele Menschen sind in ihrer Partnerschaft unglücklich und die Statistik sagt uns, dass jede zweite Ehe in der Stadt und jede dritte auf dem Land bereits in den ersten sieben Jahren wieder geschieden wird. Mittlerweile gibt es etwa 11 Millionen Singles in Deutschland.

Frustriert durch gescheiterte Beziehungen, wenden sich viele Menschen enttäuscht vom „Modell Lebenspartnerschaft" ab und die Statistik macht auch keinesfalls Mut, es noch einmal zu versuchen. So kommt es, dass heute viele Menschen als Single leben – entweder ganz allein oder sie versuchen, in wechselnden „Lebensabschnittsgefährten" einen Ersatz für eine wirkliche Lebenspartnerschaft zu finden. Wieder andere geben sich mit einer Beziehung zufrieden, die sie nicht wirklich erfüllt.

Wir haben seit fünfundzwanzig Jahren das Glück, eine erfüllte Liebesbeziehung zu erfahren – und das ist heutzutage fast schon ein Wunder, dessen sind wir uns bewusst! In unserer Arbeit begegnen wir immer häufiger Menschen, die sich nicht länger mit einer frustrierenden Beziehung abfinden wollen. Tief in sich spüren sie den Mut und die Bereitschaft, ihr Herz wirklich zu öffnen und sich ganz auf einen anderen Menschen einzulassen. Wir unterstützen und ermutigen diese Menschen, weil wir täglich erleben, wie sehr es sich lohnt, diese Bereitwilligkeit und Offenheit zu entwickeln. Wir selbst haben erfahren, dass alles in der Beziehung die Liebe fördern kann. Konflikte und Schwierigkeiten können ebenfalls dazu dienen, uns uns selbst und dem anderen näherzubringen. Wenn wir uns auch für große Herausforderungen öffnen und sie als Teil des gemeinsamen Weges annehmen, bringen sie uns in Kontakt mit der Quelle der Liebe, die tief in uns liegt und nie versiegt.

Bevor wir uns begegnet sind, waren wir beide – wie viele andere Menschen – schon eine ganze Weile auf der Suche nach einer erfüllten Liebesbeziehung gewesen. Jede Beziehung, auf die wir uns zuvor eingelassen hatten – selbst wenn sie nach einer bestimmten Zeit wieder vorüber war –, hatte uns ein Stückchen weiter in die „Kunst des Liebens" eingeführt. Wir hatten beide gelernt, dass niemand die Rolle des Traummannes oder der Traumfrau wirklich zufriedenstellend ausfüllen kann. Alle Erwartungen und das Bild, das man sich vom idealen Partner macht, loszulassen schenkt sehr viel mehr Erfüllung in der Liebe. Als wir beide an diesem Punkt des Verstehens angelangt waren, erkannten wir einander als Mann und Frau … wir waren ein Liebespaar, ein Raum der Liebe. Seit diesem Augenblick gehen wir unseren Weg gemeinsam.

Natürlich waren wir nicht allein: Wir hatten das große Glück, von Lehrern unterstützt zu werden, die uns immer wieder auf die Eine Liebe verwiesen, die allem zugrunde liegt. Osho vermittelte uns eine auch für den westlichen Geist geeignete Lehre des TAO, die unser Leben bis heute inspiriert. Und durch die Begegnung mit der indischen Philosophie des Advaita erkannten wir, dass wirklich alles Liebe ist. Auf dieser Grundlage machen wir in unserer Arbeit als Therapeuten und Seminarleiter das TAO – das universelle Sein – erfahrbar. Wir unterstützen Menschen darin herauszufinden, wie sie ein erfülltes Leben in Einklang mit dem Großen Ganzen führen können.

Die Karten zu den **7 Schlüsseln der Liebe** sind inspiriert von unseren persönlichen Erfahrungen, die wir als Mann und Frau miteinander gemacht haben, und von unserer therapeutischen Arbeit mit Paaren. Wir freuen uns, all das mit euch teilen zu können.

Diese **Karten der Liebe** führen euch in einen Raum hinein, in dem ihr tiefes Vertrauen in die Weisheit des Lebens findet, und sie unterstützen euch darin, Gelassenheit, Freude und Nähe mit eurem Partner zu erfahren. Sie geben sanfte Impulse, die sich nachhaltig in eurer Beziehung entfalten können, und laden euch gleichzeitig ein, tiefer zu schauen … immer wieder einen Blick hinter alle Gedanken und Gefühle zu werfen, die im Rahmen eurer Beziehung auftauchen mögen ... denn all das sind nur Erscheinungen, die kommen und gehen wie Wellen am Strand.

In manchen Augenblicken seid ihr euch ganz nah – und dann habt ihr das Gefühl, weit voneinander getrennt zu sein. Die **Karten der Liebe** in euren Alltag einzubeziehen hilft, diese Illusion der Trennung aufzulösen und den Mut zu finden, tief hinabzutauchen in den Ozean der Liebe.

Das TAO als Grundlage der 7 Schlüssel der Liebe

Der Begriff TAO stammt aus der chinesischen Philosophie und bedeutet so viel wie „der Weg". Im Grunde genommen kann man sein wahres Wesen jedoch nicht beschreiben, denn es ist unaussprechbar, das, was vor Raum und Zeit war: der Urgrund allen Seins, das schöpferische Urprinzip. Das Wirken des TAO kann man im harmonischen Wandel der Natur erkennen.

TAO ist der „Weg des Wassers", der Hingabe an das Leben, so wie es ist. TAO lehrt uns, ohne Widerstand zu leben. Wer sich entscheidet, den Weg des TAO zu gehen, der ist bereit, auf Manipulation, Kampf und Kontrolle zu verzichten. Denn erst wenn wir jegliche Anstrengung und jedes Bemühen beenden, wenn wir eigenes „Wollen" und „Tun" aufgeben, wird es möglich, in tiefem Einklang mit uns selbst und dem Leben zu fließen. Dieser Weg führt uns durch die Illusion von Vergangenheit und Zukunft hindurch ... tief in die Gegenwart, direkt in unser Herz hinein. Dort erfahren wir Stille und erkennen, dass wir eins sind mit allem.

Hier müssen wir nichts mehr verstehen, wir müssen nicht mehr nachdenken oder analysieren.

Das TAO, das verstanden werden kann,
ist nicht das TAO,

so heißt es im *Tao Te King*, dem literarischen Hauptwerk des Taoismus. Das *Tao Te King* lehrt uns, wie wir ein Leben in Einklang mit der Natur und dem TAO führen können. Es wurde von dem Weisen Laotse vor etwa 2500 Jahren in China niedergeschrieben. Am Ende eines langen Lebens fasste Laotse die Früchte seines Erkennens in 81 Abschnitten zusammen, bevor er sich zum Meditieren und Sterben in die Berge zurückzog.

Er lebte in einer Zeit der großen gesellschaftlichen Umwälzungen und

Veränderungen. Das Leben der Menschen war voller Unsicherheit, voller Verwirrung und Angst ... und das *Tao Te King* sollte ihnen Orientierung und Unterstützung geben.

Durch die Jahrtausende hindurch haben sich Menschen aller Kulturkreise von der tiefgründigen Weisheit des Tao te king angesprochen gefühlt, so-dass es zu einem der meistgelesenen Bücher der Welt wurde. Die darin enthaltenen Gedanken haben auch in der heutigen Zeit nichts von ihrer Aktualität verloren.

Eine moderne Version des TAO

Die Karten zu den **7 Schlüsseln der Liebe** basieren auf den grundlegenden Prinzipien des *Tao Te King*. Sie laden euch ein, miteinander den Weg des TAO zu gehen. Und dieser Pfad wird euch nicht nur zu einer erfüllten Beziehung führen, er schenkt euch außerdem Heilung, Wachstum und Erwachen. Ihr werdet eingeladen, loszulassen, den Kampf zu beenden und dem Leben ganz und gar zu vertrauen. Die **Karten der Liebe** erweitern euer Blickfeld und erinnern euch an die ureigene Weisheit, die tief im Innern eines jeden Menschen schlummert.

Sie sind in einer Sprache geschrieben, die eher andeutet als benennt, und verweisen auf das unergründlich Geheimnisvolle, das nur gefühlt und geahnt werden kann. Lasst euch auf sie ein ... und sie werden innere Such-Prozesse auslösen; ihr werdet zarte Impulse spüren, die sich in eurem ganzen Wesen entfalten. Heilende Bewegungen werden in Gang gesetzt. Das Neue wird sanft in euer Leben hineingeboren – wie Knospen, die sich im Frühjahr öffnen, wenn Licht und Wärme sie rufen.

Im folgenden Kapitel stellen wir euch die 7 Schlüssel zu den **Karten der Liebe** vor. Sie stellen die Verbindung zwischen der zeitlosen Weisheit des TAO und unserer heutigen Realität her. Um diese Weisheit anschaulich zu machen, erzählen wir Geschichten von Paaren in Konfliktsituationen, wie sie häufig in Partnerschaften auftauchen. Und wir zeigen, wie die Prinzipien des TAO helfen können, die Konflikte zu lösen und tiefer in den lebendigen Fluss der Liebe einzutauchen.

Die
7 Schlüssel
der Liebe

1. Schlüssel: Das Geheimnis der Liebe

Die Karten des 1. Schlüssels schenken uns eine Sicht auf das Leben als Ganzes und auf unsere Beziehungen im Besonderen, die jenseits unserer normalen Alltagswahrnehmung liegt. Sie beruht auf der ganzheitlichen Philosophie des TAO:

Alles ist TAO:
Das TAO ist der Raum der Liebe,
der alles hält,
alles erlaubt,
alles willkommen heißt;
ein großes Herz,
aus dem die Liebe fließt.

Wenn wir uns jetzt – in diesem Augenblick – vergegenwärtigen, dass wir wirklich in Liebe geborgen sind, öffnet sich uns eine tiefere Dimension. Sie lässt unser Leben in einem neuen Licht erscheinen:

Niemand kann sich aus der Liebe entfernen:
Das TAO spielt durch euch
das große Spiel der Liebe.

Die **Karten der Liebe** erinnern uns daran, dass wir hier sind, um unser Leben zu gestalten und um Erfahrungen zuzulassen. Und das gilt auch für unsere Beziehung:

Du hast die volle Verantwortung
für deine Beziehung.
Versuche nicht,
deinem Partner Erfahrungen zu ersparen,
und auch nicht dir selbst.

Diese Verantwortung bedeutet Freiheit und Lebendigkeit, denn sie bewahrt uns davor, uns selbst als Opfer des Lebens zu betrachten. Wenn wir uns unserer Rolle als mitschöpfende Wesen bewusst sind, können wir jederzeit Zuflucht finden in der Gewissheit des TAO:

Vertraut seiner tiefgründigen Weisheit,
lasst euch vom TAO tragen.
Entspannt euch
in die unendliche Leichtigkeit des Seins hinein.

Vielleicht könnt ihr euch vorstellen, welche Hilfe es ist, wenn diese Quelle der Kraft und des Mutes im Alltag unserer Beziehung fortwährend sprudelt. Wie sie sich uns erschließt, das können wir am Beispiel von Beate und Jürgen sehen:

Beate und Jürgen waren beide schon öfter verliebt gewesen und hatten beide schon mehrere Beziehungen gehabt. Sie hatten erlebt, wie sich Verliebtsein in Gewohnheit verwandelte und Gewohnheit in Distanz mündete. Ihre Trennungen waren mal schmerzhaft, mal freundschaftlich gewesen. Jetzt sind sie beide reichlich desillusioniert und auch ein wenig frustriert. Das kann es doch nicht sein: für jede Phase im Leben ein neuer Lebensabschnittsgefährte! Was ist denn mit der „großen Liebe"? Beide spüren eine immense Sehnsucht nach ihr.

Vor anderthalb Jahren lernten Beate und Jürgen sich dann bei einem Meditationsseminar kennen und sie sind jetzt seit einem Jahr zusammen.

Auch diesmal erleben sie, dass der erste Rausch des Verliebtseins vorübergeht und der andere letztendlich auch „nur" ein Mensch mit Fehlern und Schwächen ist, dass Konflikte sich nicht vermeiden lassen. Doch sie spüren beide zum ersten Mal eine tiefe Bereitschaft, trotzdem dabeizubleiben. Das macht sie mutiger und ehrlicher, als sie es in ihren früheren Beziehungen waren.

Für die Erfahrung, dass sie gemeinsam etwas erleben, das größer ist als die Summe ihrer beiden Persönlichkeiten, waren Jürgen und Beate in früheren

Beziehungen noch nicht bereit. Damals war es ihnen wichtig, so viele positive Gefühle und Glücksmomente wie möglich in einer Beziehung zu sammeln. Jetzt spüren sie zum ersten Mal ihre große Sehnsucht, tiefer zu gehen. Sie wissen nicht genau, was das für ihre Beziehung heißt und wo es genau hinführen wird, aber sie sind beide bereit, sich darauf einzulassen.

Dazu ermutigen die **Karten der Liebe:** Wir versprechen euch nicht, dass dieser Weg immer einfach, angenehm und schmerzlos sein wird, aber wir versichern euch, dass alles, was geschehen wird, in Liebe geborgen ist. Eure Beziehung kann ein Hort der Liebe sein, die sich durch euch ausdrückt und verwirklicht.

Seit ein paar Monaten hat Jürgen zum ersten Mal in seinem Leben den Wunsch zu heiraten. Das erstaunt ihn zutiefst, denn er betrachtete die Ehe bisher immer als eine überholte Institution und ein Gefängnis auf Lebenszeit. Aber jetzt scheint sie genau richtig zu sein für das, was ihn mit Beate verbindet. Noch eine Weile zögert er, denn da sind ja immer noch die alten Vorurteile und die versteckten Ängste: Es könnte doch wieder schiefgehen. Beate ist in ihrer Beziehung immer öfter grundlos glücklich. Zum ersten Mal hat sie das Gefühl, nicht gleich vor den Altar treten zu müssen, um ihre Partnerschaft auf ein solides Fundament zu stellen. Ihre früheren Partner haben immer schnell die Flucht ergriffen, wenn sie diesen Wunsch äußerte. Diesmal spürt sie gar keine Notwendigkeit. Sie fühlt sich so eins mit Jürgen, dass ein Trauschein ihr auch nicht mehr Sicherheit geben könnte. Das überzeugt Jürgen schließlich – offenbar will Beate ihn nicht „festnageln". Und er macht ihr einen Heiratsantrag!

Jürgen und Beate haben sich geöffnet für Liebe und Vertrauen. Und erst jetzt merken sie, dass sie vorher gar nicht gespürt hatten, wie sehr sie davon abgetrennt waren. Sie mussten zuerst ihre Frustration, die Sehnsucht, die darunter lag ... und schließlich ihre Liebe füreinander wahrnehmen. Das öffnete sie für die Möglichkeit, sich selbst und den anderen neu zu erfahren und zu entdecken, dass Liebe immer gegenwärtig ist.

Wir alle haben mehr oder minder stark verinnerlicht, dass das Leben gefährlich ist. Wir haben gelernt, uns gegen schmerzhafte Enttäuschungen zu wappnen und uns den Alltag möglichst „sicher" zu gestalten.

Das TAO hingegen ermutigt uns, uns wieder zu öffnen, wieder zu vertrauen. Es lädt uns ein, innezuhalten und die tiefe Liebe zuzulassen, die allem zugrunde liegt und in der alles willkommen ist.

Zwanzig Jahre später leben Beate und Jürgen immer noch zusammen. Sie haben nicht geheiratet und stattdessen mit Freunden ein eigenes Ritual – das genau ihren Wünschen entsprach – gefeiert, um ihre Liebe zu ehren. Seitdem haben sie Höhen und Tiefen miteinander geteilt. Gemeinsam haben sie manch heftige Krise durchgestanden. So haben sie beispielsweise jahrelang versucht, gemeinsam Kinder zu bekommen, und dann herausgefunden, dass das einfach nicht geht. Und als Jürgen längere Zeit arbeitslos war, hat Beate das Geld für beide verdient. Sie waren bereit, allem zu begegnen, was in ihrer Beziehung auftauchte, und dabeizubleiben. Ihre Bereitschaft, der Liebe und dem Leben zu vertrauen, war größer als ihre Ängste und ihr Schmerz.

Das ist die Einladung des TAO und der **7 Schlüssel der Liebe**: Sie offenbaren uns – wenn wir bereit dafür sind – die Möglichkeit, uns füreinander und für die Liebe zu entscheiden und zu öffnen. Jeden unserer Schritte, den wir auf diesem Weg gehen, begleiten sie liebevoll.

2. Schlüssel: Im Fluss bleiben

Wenn wir die Liebe wahrnehmen, die allem zugrunde liegt, können wir ihre Eigenschaften in unserer Beziehung wirken lassen. Die Karten des 2. Schlüssels laden uns ein, uns mit der Qualität des Wassers zu verbinden: Vielleicht stellt ihr euch einen klaren, frischen Bergbach vor? Oder ihr hört die Brandung des Meeres? Vielleicht wollt ihr aber auch lieber in einen stillen See eintauchen?

Wasser ist
beweglich und fließend,
offen,
geduldig,
immer gegenwärtig.
Es fließt um Hindernisse herum.

Wir können von ihm lernen,
voller Vertrauen
unserem natürlichen Weg zu folgen,
Rechthaben-Wollen und Widerstand aufzugeben,
dem, was wir vermeiden wollen,
dem, was erstarrt ist,
und unserer Angst zu begegnen
und unsere Herzen überfließen zu lassen.

Wenn wir in Kontakt sind mit den Eigenschaften des Wassers, die wir auch in uns wiederfinden, beginnen diese Qualitäten, durch uns zu wirken. Und wir müssen unseren Partner nicht länger kontrollieren. Wir können uns gegenseitig in unserer Unterschiedlichkeit annehmen und uns dem, was jeden Augenblick neu zwischen uns entsteht, hingeben. Konflikten können wir begegnen, ohne kämpfen zu müssen. Wir sind wandelbar und stets in Bewegung ... und dennoch immer „Wasser", egal in welchem Zustand.

Vielleicht mögt ihr euch an die ursprüngliche Kraft eures ersten Verliebtseins erinnern: Wie zwei Flüsse, die zusammenfließen, trafen sich eure

Welten und verbanden sich zu einem gemeinsamen Strom. In dieser Phase ihrer Beziehung sind die meisten Paare bereit, Grenzen zu sprengen und neue Erfahrungen zuzulassen. Sie sind auf einmal frei von ihren gewohnten Vorstellungen, von ihren Erwartungen und ihren Konzepten. Regeln, die für den Alltag bislang wichtig waren, werden von der frischen Kraft dieses neuen Stromes einfach weggerissen.

Sabine ist Krankenschwester und für sie sind bei der Arbeit Pünktlichkeit und die genaue Einhaltung aller Pflichten wichtig. Bei den Lernschwestern ist sie deshalb gefürchtet. Janis ist für seine Freunde ein „Hansdampf in allen Gassen", der sich keine Gelegenheit für einen Flirt entgehen lässt und jeden Abend in der Stadt unterwegs ist. Sabine und Janis haben sich bei einer Geburtstagsparty kennengelernt und sich heftig ineinander verliebt.

Sabines Kollegen wundern sich: Sie lächelt ohne Grund, lässt auch mal alle Fünfe gerade sein … und gestern hat sie sogar eine der Lernschwestern, die weinend im Flur stand, weil ihr gerade ein Missgeschick mit einer Patientin vor den Augen des Chefarztes passiert war, liebevoll an sich gedrückt.

Janis hat auf einmal kaum noch Zeit für seine Kumpel. In seinen Stammkneipen ist er nur noch selten zu sehen, dafür war er gestern beim Finanzberater, um sich endlich mal um eine solide Basis „für später" zu kümmern. Er ist erstaunt, wie sehr ihn das befriedigt hat.

Sabine blüht durch Janis' verspielte Wildheit auf und Janis fühlt sich bei Sabine so geborgen wie nie zuvor. Die beiden entdecken völlig neue Seiten an sich und sie genießen diese Zeit in vollen Zügen.

Meist kehren unsere persönlichen Eigenheiten, die wir im ersten Rausch der Liebe zurückgelassen haben, natürlich wieder zurück. Und was wir zu Beginn attraktiv und wünschenswert aneinander fanden, geht uns später manchmal sogar gegen den Strich. Vielleicht fühlen wir uns durch manche Verhaltensweisen des Partners sogar bedroht – dann, wenn sie an unsere alten Verletzungen rühren. Und so greifen wir auf alte Strategien zurück, um den wilden Fluss der Liebe wieder in die gewünschte Bahn zu lenken, damit wir ihn kontrollieren können.

Auf diese Weise glauben wir, Schmerz vermeiden und unser Territorium sichern zu können. Das hat jedoch zur Folge, dass der Fluss zu einem Bach wird, dann zu einem Rinnsal ... und manchmal sogar zu einem stehenden Gewässer. Wir mögen uns weiterhin lieben, können uns aber nicht mehr erreichen.

Sabine und Janis sind nun seit zwei Jahren ein Paar. Sie wohnen zusammen und genießen ihre tägliche Nähe.

In der letzten Zeit fühlt sich Janis allerdings manchmal wie ein Tiger im Käfig. Wenn er nach Hause kommt, sieht Sabine meist auf die Uhr und er fühlt sich sofort schuldig, auch wenn er pünktlich ist. Sein Lächeln wird künstlich und sein Kuss flüchtig. Er verschwindet unter der Dusche und denkt daran, wie schön es wäre, mal wieder mit seinen Freunden unterwegs zu sein.

Sabine findet anschließend sein zusammengeknülltes nasses Handtuch in einer Ecke und seine Socken in der anderen Ecke des Badezimmers; sie hängt das Handtuch auf und wirft die Socken, leicht angewidert, in den Wäschekorb ... Janis sitzt derweil schon mit dem Handy vor dem auf „stumm" geschalteten Fernseher und beachtet sie nicht. Manchmal fühlt sie sich dann wie ein Dienstmädchen.

Wir können uns leicht ausmalen, welche Szenen den beiden noch bevorstehen, wenn jeder sich nun darum bemüht, den anderen nach seiner Pfeife tanzen zu lassen, und gleichzeitig seinen Erwartungen ausweicht.

In solchen Zeiten laden die Karten uns ein, uns wieder mit den natürlichen Eigenschaften des Wassers zu verbinden ... und miteinander zu fließen. Liebe war zu Beginn unserer Begegnung da und sie ist es noch immer. Sie ist beständig da. Vielleicht haben wir uns durch unsere Strategien von ihr entfernt. Und wenn wir wieder bereit sind, uns ihrem natürlichen Fluss hinzugeben, öffnet sich ein entspannter Raum, in dem wir uns neu begegnen können. Wir können uns überraschen lassen von unserer Lebendigkeit und der Art, wie sie sich ausdrückt, selbst wenn wir gemeinsam Konflikten und Ängsten begegnen.

Lassen wir den natürlichen Fluss zu, dann wissen wir nicht, wohin uns unsere Reise führen wird. Das ist auch nicht mehr wichtig, denn der Weg – das Fließen selbst – ist bereits unser Ziel, in ihm können wir Geborgenheit und Freiheit finden.

Sabine und Janis haben eine schwere Zeit hinter sich. Keinem von beiden ist es gelungen, den anderen zu „bezwingen", obwohl sie beide wahrlich alles dafür getan haben. Einmal haben sie sich sogar für kurze Zeit getrennt ... dabei haben sie erkannt, wie sehr sie sich immer noch lieben. Sabine entscheidet sich irgendwann zu kapitulieren. Es fühlt sich schrecklich an. Sie malt sich aus, dass sie nun Janis' flüchtigen Launen und seinem chaotischen Lebensstil hilflos ausgeliefert sei. Aber gleichzeitig fühlt sie sich unglaublich erleichtert: Sie muss sich nicht weiter anstrengen, jede seiner Handlungen zu beobachten und zu bewerten.

Janis kommt wie gewohnt nach Hause. Sabine liegt in der Badewanne ... sie hat nicht aufgeräumt. Er ist irritiert und stellt fest, dass ihm die Ordnung fehlt. Er betritt das Badezimmer, ohne dass Sabine ihn bemerkt, und nimmt wahr, wie offen und verletzlich Sabine auf ihn wirkt, wie sie da im Wasser liegt – und das berührt ihn. Er beschließt, sie nicht zu stören, geht zurück ins Wohnzimmer, räumt auf und bringt dann auf einem Tablett Kerzen und Rotwein ins Badezimmer. Sabine ist überrascht und freut sich sehr. In Wanne ist Platz für zwei ...

3. Schlüssel: Schwierigkeiten sind Chancen

Nachdem wir die Qualität des Wassers in uns und unserer Beziehung kennengelernt haben, laden uns die Karten des 3. Schlüssels dazu ein, uns mit der Eigenschaft von Stein zu verbinden.

Lasst vor eurem geistigen Auge einen Fels in der Brandung entstehen, von Meeresgischt und Wind umtobt. Oder verbindet euch mit der majestätischen Kraft eines Bergmassivs im Himalaja. Vielleicht stellt ihr euch auch vor, dass ihr ein Loch grabt ... und irgendwann nicht mehr weitergraben könnt: Das ist die Macht von Stein. Wir Menschen können diese Eigenschaft in uns finden.

gewohntem Verhalten,
Glaubenssätzen und Überzeugungen,
Widerstand und
Verharren in Vergangenem.

Die Qualität von Stein ist uns im Leben immer dann nützlich, wenn wir unseren Alltag meistern, Entscheidungen treffen oder uns durchsetzen wollen. In unserer Beziehung dient sie dazu, Zuverlässigkeit zu vermitteln, Regeln aufzustellen und eine gemeinsame materielle Lebensbasis zu schaffen. Gleichzeitig stellt uns gerade der „versteinerte" Aspekt unserer Beziehung oft vor unüberwindlich scheinende Hindernisse. Festgefahrene Verhaltensweisen, dogmatische Glaubenssätze und der Unwille, uns zu bewegen, uns weiterzuentwickeln, können unsere Beziehung schwer und unlebendig werden lassen.

Hier fordern die **Karten der Liebe** uns auf, flexibler mit der Eigenschaft von Stein umzugehen und

Richtig und Falsch loszulassen;
uns zu öffnen für Freude und Schmerz;
dorthin zu gehen, wo wir uns unsicher fühlen;
Dinge zu tun, die uns Mut kosten, und
uns unseren Ängsten zu stellen.

Wir haben die Möglichkeit herauszufinden, wann felsenfester Widerstand wirklich gebraucht wird und wann er uns nur im Weg steht.

Vielleicht findet ihr in Christian und Sandra „versteinerte" Haltungen wieder, die euch bekannt vorkommen:

Christian und Sandra wollen ihren ersten gemeinsamen Urlaub vorbereiten. Ziel sind die Alpen. Sandra freut sich seit Tagen darauf, endlich mal wieder eine herausfordernde Outdoor-Tour zu machen. Sie sieht sich mit Christian in einem steilen Bergmassiv im Biwak übernachten ... auf hartem Untergrund ... unter dem Sternenzelt aneinander gekuschelt. Endlich kann sie ihre Erfahrungen, die sie in vielen solchen Urlauben gesammelt hat, einbringen. Back to nature pur!

Christian hat seit Tagen im Internet recherchiert und die gemütlichste aller Berghütten gefunden, nicht zu weit weg vom nächsten Dorf, damit man auch mal schnell was einkaufen kann. Es gibt ein paar sehr schöne Wanderwege, direkt von der Haustür aus. Kaminfeuer, ein leckeres Fondue und Wein dazu ... Hüttenromantik pur!

Schnell merken Christian und Sandra, dass sie ein Problem haben. Ihre Vorstellungen sind so unterschiedlich, wie sie nur sein können. Jeder von beiden ist bass erstaunt, wie der andere nur auf eine so – gelinde gesagt – abstruse Idee kommen kann.

Christian und Sandra haben beide eine ganz klare Vision, die verbunden ist mit tiefen Überzeugungen und klaren Lebenskonzepten:

Sandra schimpft gern über ihren Alltag und ihre umweltfeindliche Lebensweise. Sie studiert Biologie und weiß eine Menge über Umweltschutz. Sie befürchtet, dass bald nichts mehr übrig ist von den schönen Alpen, und sie sitzt nur zu Hause und sieht dabei zu, wie die Erde zerstört wird. Dabei liegt es allein in der Hand der Menschen, sie zu retten!

Christian spürt tiefen Verdruss. Er ist einfach noch erledigt von seinem letzten Projekt im Architekturbüro. Doch er musste einfach durchhalten, auch wenn er dabei über seine Grenzen ging. Jetzt hat er allerdings genug Geld, um ihnen beiden einen dreiwöchigen Urlaub zu ermöglichen. Und so bringt er gerade wenig Verständnis auf für Sandras, wie er findet, „überzogen idealistische Sichtweise". Soll sie sich doch erst mal in der Realität bewähren, noch studiert sie ja! Und Menschen gehören doch auch zu dieser Welt und sind nicht nur ihre Feinde! Man muss sich den Umständen geschickt anpassen und das Beste draus machen, alles andere ist verlorene Liebesmüh. Es gibt Streit und sie knallen beide wütend ihre Zimmertüren hinter sich zu. Nun sitzt jeder in seinem Zimmer und sucht nach Argumenten dafür, dass er recht hat.

Vielleicht kennt ihr das: Ein kleines Steinchen bringt eine Lawine ins Rollen. Unterschiedliche Weltanschauungen werden offenbar, und jeder glaubt, seine sei die einzig wahre. Gräben tun sich auf ... und das tut weh. Jetzt habt ihr die Chance, die **7 Schlüssel der Liebe** zurate zu ziehen, um neue Erfahrungen zuzulassen; um zu lernen, den Schritt vom festen Boden auf unsicheres Terrain zu wagen.

Vielleicht sind wir der Ansicht, eine „wahre" Weltanschauung und die dazugehörigen Verhaltensweisen aufrechterhalten zu müssen, um uns sicher fühlen zu können. Möglicherweise verbirgt sich einfach Angst hinter unserer Rechthaberei, mit der wir uns gegen andere Sichtweisen wehren.

Erst wenn wir bereit sind, den festen Boden unserer Überzeugung zu verlassen, kann Neues entstehen ... kann sich ein Raum öffnen, in dem wir die Verbindung zu unserem Partner wieder spüren können. Dann können wir in uns selbst und in unserem Partner wirklichen Halt finden – der nicht auf erstarrten Vorstellungen beruht, sondern auf dem gemeinsamen Erleben von Verbundenheit und Vertrauen.

Christian zweifelt an allem: an Sandra, an ihrer Beziehung und am Sinn des Lebens überhaupt ... Sein Blick fällt auf seinen Schreibtisch: Dort liegt immer noch der Prospekt von der wundervollen Berghütte. Er kann Sandra und sich sehen ... inmitten dieser atemberaubend schönen Natur. Und er kann spüren, wie wichtig die Natur ihm selbst auch ist. Plötzlich fällt es ihm leicht, sich in Sandras Befürchtungen hineinzuversetzen. Vor seinem geistigen Auge sieht er sie beide, wie sie von einer Bergtour zurückkommen: Sie schlafen draußen vor der Hütte ... Es fängt an zu regnen und sie können in ihr warmes Bett flüchten ... Warum nicht beides?, fragt er sich.

Und so klopft er an Sandras Zimmertür. Sie sprechen miteinander und er gesteht Sandra schließlich, dass er Angst hat, in den Bergen unter freiem Himmel zu übernachten oder sich zu verlaufen und nicht wieder zurückzufinden. Sandra versteht ihn. Sie weiß, dass Angst eine wichtige Funktion hat: die eigenen Grenzen zu erkennen und dann manchmal auch zu überwinden. Außerdem merkt sie, dass ein bisschen Komfort gar nicht schlecht wäre: Sie könnten kochen und bei Sturm drinnen sein, kuscheln ... Sandra gibt zu, dass sie manchmal gern etwas weicher wäre und nicht immer die harte Kämpferin sein möchte. Doch sie hat Angst, dass sie Christian dann lästig werden könnte. Christian kann ihr versichern, dass gerade ihre Schwäche ihm Mut macht und er dann nur umso mehr für sie einstehen möchte. Sie umarmen sich, sind beide tief berührt. Später plant sich der Urlaub fast wie von selbst: eine abgelegene Hütte mit bescheidenem Komfort, schönen Wanderwegen und Klettersteigen, einem Feuerplatz – das wollen sie beide.

Durch ihre Auseinandersetzung haben Sandra und Christian etwas Neues über sich gelernt. Christian weiß nun, dass er ihr seine Angst ruhig zeigen kann, dass sie ihn deshalb nicht für einen Feigling hält. Und Sandra hat gespürt, dass sie sich schwach fühlen darf, ohne dass gleich alles zusammenbricht. Christian hat zwei starke Schultern zum Anlehnen! Doch bevor etwas Neues geschehen konnte, mussten sie beide bereit sein, ihre gewohnten und lieb gewordenen Überzeugungen loszulassen und zu schauen, was darunter liegt.

Die **Karten der Liebe** ermutigen uns. Wir brauchen unsere Konturen einerseits natürlich, um sichtbar zu werden. Unser Wille und eine Portion Zielstrebigkeit helfen uns dann dabei, unsere Träume zu verwirklichen. Andererseits kommen wir aber manchmal nur dann weiter, wenn wir die Bereitschaft haben, Altes loszulassen und uns zu öffnen.

4. Schlüssel: Beziehung – Weg der Heilung

Die Karten des 4. Schlüssels vermitteln uns ein ganzheitliches Verständnis von Heilung.

Nehmt euch diesen Augenblick Zeit und Raum, um eine Vorstellung davon entstehen zu lassen, die für etwas steht, was für euch „Heilsein" tatsächlich bedeutet. Vielleicht könnt ihr den süßen Duft einer Rose riechen oder ihr schaut einem in sich versunken spielenden Kind zu, möglicherweise hört ihr auch klares frisches Quellwasser sprudeln ...

Unsere Partnerschaft kann ein solcher Ort tiefer Heilung sein. Sie fordert uns auf, mit uns selbst allein zu sein und uns auf unseren Partner einzulassen. Sind wir zu beidem bereit, so werden wir frei sein. Wir können unserem Partner auf einer immer tieferen Ebene begegnen, ohne uns selbst dabei aus den Augen zu verlieren. Dabei treten dann die verborgenen, vielleicht unentwickelten Anteile von uns selbst und unserem Partner zutage. Und das ist eine wundervolle Gelegenheit, sich zu entwickeln und zu wachsen: Wenn diese Anteile da sein dürfen, können wir sie integrieren ... und auf diese Weise ganz und heil werden.

Grundlage für eine solch tiefe Begegnung ist Präsenz. Und so stellt sich die Frage: Was unterstützt uns wirklich darin, gegenwärtig zu sein? Die **7 Schlüssel der Liebe** legen euch nahe,

euch Raum zu geben,
euch nach innen zu wenden,
euch Zeit zu nehmen,
in die Stille zu gehen.

Denn dort

entdeckt ihr, dass alles,
was ihr euch von eurem Partner erhofft,
bereits jetzt in euch selbst existiert.

Dann seid ihr bereit,

durch alle Schichten des Nein
das große JA der Liebe zu entdecken,
auf jegliches Werten zu verzichten,
allem zu erlauben, da zu sein.
Es ist ein Geschenk,
denn alles ist vollkommen, wie es ist.

Die **Karten der Liebe** geben uns den Schlüssel in die Hand, der uns den Raum
öffnet, in dem Liebe für uns selbst und für den anderen stets gegenwärtig
ist. Konstanze und Gerhard zeigen uns, wie sie diesen Schlüssel fanden und
nutzten:

Seit neun Monaten sind Konstanze und Gerhard ein Paar. Gerhard ist eher
der ruhige Typ, der auch gern für sich ist. Konstanze ist vielleicht ein wenig
unbeständig, aber dafür sehr zärtlich und anhänglich.
   Die anfängliche Verliebtheit ist schon etwas abgeflaut. Beide entdecken
die ersten „Schwächen" am anderen. Gerhard empfindet Konstanzes Auf-
merksamkeit, die ihm anfangs so gutgetan hat, zunehmend als einengend.
Sie wiederum leidet unter seinem großen Bedürfnis nach Rückzug. Konflikte
liegen in der Luft, seit Gerhard und Konstanze vor einem Monat zusammen-
gezogen sind. Eines Nachmittags kommt Gerhard früher nach Hause. Er will
Konstanze überraschen. Er wundert sich, dass sie in seinem Zimmer sitzt. Sie
liest und ist so vertieft in seine private Post, dass sie ihn gar nicht kommen
hört! Außerdem ist auf seinem PC sein E-Mail-Programm geöffnet. ... Er atmet
tief durch, dreht sich um und verlässt schnurstracks die Wohnung. Er muss
jetzt dringend allein sein!

Konstanze vergisst zunehmend, ihr eigenes Leben zu leben. Sie schenkt
Gerhard ihre ganze Aufmerksamkeit. Alles, was er tut, hat Bedeutung für
sie und sie bezieht sein Verhalten auf sich. Es fällt ihr immer schwerer, sich
unabhängig von ihm zu spüren. Wenn sie Verabredungen trifft, richtet sie

sich ganz nach Gerhards Terminkalender. Und dabei verblassen ihre eigenen Interessen nach und nach.

So etwas geschieht, wenn wir unsere Erfüllung in unserem Partner suchen und dabei ganz in Vergessenheit gerät, dass wir sie nur in uns selbst finden können. Die **7 Schlüssel der Liebe** zeigen uns hier einen Ausweg: Jeder von uns kann bestimmte Seiten von sich selbst nur mit sich allein erfahren. Und er benötigt Zeit und Raum, um tief in Kontakt mit seiner Liebesfähigkeit zu kommen. Bei Konstanze und Gerhard geschieht das alles allerdings nicht ganz freiwillig:

Gerhard hat Konsequenzen gezogen: Da Konstanze seine Privatsphäre verletzt hat, hat er sich noch eine eigene kleine Wohnung gesucht, in der er genug Raum und Zeit für sich selbst haben kann. Konstanze fühlt sich schuldig und leidet. An den ersten Abenden, an denen sie in der gemeinsamen Wohnung allein ist, ist sie unruhig auf und ab ... Sie schaltet den Fernseher ein, bügelt und wartet ...

Doch schon in der zweiten Woche erwacht etwas in ihr – eine Art Stolz oder Sehnsucht danach, sich selbst wertzuschätzen. Es missfällt ihr sehr, wie abhängig sie ist, geradezu süchtig ... Und so beginnt sie, sich für die Abende, an denen sie allein ist, etwas vorzunehmen. Sie denkt nach und verwirft die Idee mit dem Italienischkurs und dem Frauenstammtisch dann wieder ... später entscheidet sie sich für Sauna und Fitnessklub. Im Fitnessklub will sie ihre Kraft mal wieder richtig spüren und sich abreagieren. In der Sauna genießt sie die Wärme und spürt, wie sich ihr Körper entspannt. Sie fühlt sich so wohl wie schon lange nicht mehr. Ihre Gedanken werden ruhiger. Sie wandern zwar immer noch hin und wieder zu Gerhard, aber sie kann das hier besser annehmen, als wenn sie allein in der gemeinsamen Wohnung sitzen würde. Und nach und nach beginnt sie, ihre Abende zu genießen.

Der entscheidende Schritt ist getan. Konstanze hat losgelassen und ist zu sich selbst zurückgekehrt. Und das Schönste daran ist, dass es ganz anders ist, als sie dachte: Sie kann gut mit sich allein sein und stellt fest, dass sie sich wirklich mag. Bald schon möchte sie auf die Zeit mit sich selbst nicht mehr verzichten.

Erst wenn wir bei uns selbst angekommen sind, sind wir für tiefe Begegnungen mit unserem Partner und sein Anderssein wirklich offen. Das Andere ist dann nicht länger unberechenbar und bedrohlich, sondern ganz im Gegenteil: Es kann uns inspirieren. Es erweitert unseren Horizont und berührt unbekannte Seiten in uns. Wenn wir uns andererseits dieser Berührung verschließen, kreisen wir einfach weiter um uns selbst. Wir werden selbstbezogen und unflexibel. Die Konfrontation mit dem Andersartigen hält uns beweglich und offen.

Gerhard konnte schon immer gut allein sein. Für ihn ist das Thema „Nähe" heikler. Kommt ihm jemand nahe, so löst das viele Gefühle in ihm aus, die ihm zu gewaltig und fremd sind. Rückzug ist dann das beste Heilmittel und mit seiner eigenen Wohnung hält er sich diese Möglichkeit jederzeit offen.

Doch schon bald merkt er, dass ihn seine geruhsamen Abende allein langweilen. Sie geben ihm nicht das, wonach er sich wirklich sehnt. Eigentlich würde er sich lieber auf unbekannte Abenteuer mit Konstanze einlassen. So, wie neulich, als er mit ihr tanzen war. Das Tanzen hatte er – nach einer lang zurückliegenden, eher traumatischen Tanzstundenzeit – aufgegeben. Aber Konstanze hat ihn davon überzeugt, dass es nicht darum geht, richtig zu tanzen, sondern um die Freude an der Musik und an der Bewegung. Und erstaunlicherweise hat ihm die Tanzstunde mit Konstanze tatsächlich großen Spaß gemacht! Er hat sich richtig schwerelos gefühlt und irgendwie auch sexy – zugegebenermaßen eine völlig neue Erfahrung für ihn. Früher wäre es ihm eher peinlich gewesen ...

Konstanze und Gerhard haben erkannt, dass sie beide zweierlei brauchen: Nähe und Distanz. Jeder von ihnen kann vom anderen genau das lernen, was er in sich selbst bisher unterdrückt hat.

Die **Karten der Liebe** vermitteln uns, dass wir immer wieder zu uns selbst zurückkehren können, um uns dann ganz neu auf unseren Partner und neue Impulse einzulassen. Wenn wir das tun, müssen wir keinen Sicherheitsabstand wahren. Wir können uns dem Leben in seiner ganzen Bandbreite hingeben.

5. Schlüssel: Dein Partner – dein Spiegel

Dieser Schlüssel der **Karten der Liebe** öffnet uns den Raum für etwas unglaublich Wertvolles: In jedem von uns schlummert der tiefe Wunsch, so gesehen zu werden, wie er ist. Sind wir in unserer Partnerschaft nun bereit, dem anderen ein Spiegel zu sein, so geschieht das Wunder der Liebe – aus zwei wird eins, wenn wir uns als dasselbe erkennen.

Je präsenter, je offener und ehrlicher wir hinschauen und wahrnehmen, desto klarer ist das Bild, das wir erhalten. Wie ein stiller Gebirgssee, der das Bild eines Berges reflektiert, so können auch wir einander widerspiegeln:

Ohne Vorstellungen
schaut er auf das, was sich nie ändert –
jenseits aller Namen, aller Rollen und Identitäten –,
und sieht dich, wie du bist.
In der Gegenwart deines Partners
öffnet sich ein Raum der Freiheit.
Du entdeckst, wer du bist.
Er ist du,
in Liebe seid ihr eins.

Was das im wirklichen Leben heißt, lässt sich in der folgenden Geschichte deutlich erkennen:

Miriam und Tobias sind schon seit Jahren ein Paar. Sie haben zwei Kinder und arbeiten beide in guten Positionen. Ihre Beziehung ist harmonisch und sie sind perfekt aufeinander eingespielt – ein gutes Team. Eigentlich führen sie ein Leben wie im Bilderbuch und dafür werden sie von vielen Freunden bewundert. Sie scheinen zufrieden zu sein mit ihrem gemeinsamen Leben.

Seit einigen Monaten allerdings ist Tobias zunehmend unzufrieden, was er sich nicht erklären kann. Er fühlt sich einfach frustriert. Das ist die Midlife-Crisis!, geht es ihm durch den Kopf. Er liebt Miriam sehr und würde sie nie verletzen wollen – sonst hätte er sich vielleicht einen Seitensprung erlaubt.

Miriam spürt Tobias' Unruhe und versucht, liebevoll auf ihn einzugehen. Aber sie kommt nicht so richtig an ihn heran. Er wirkt unnahbar, entrückt.

Für Tobias und Miriam ist es Zeit, einen ehrlichen Blick in den Spiegel ihrer Partnerschaft zu werfen.

Und genau dazu laden uns die **7 Schlüssel der Liebe** ein. Sie fordern uns auf, alle Bilder loszulassen, die wir von unserem Leben, von unserem Partner und von uns selbst haben. Stattdessen leiten sie uns dazu an, uns für einen wahrhaftigen Blick auf die Gegenwart zu öffnen. Dies verlangt von uns, dass wir innehalten und neu wahrnehmen. Manchmal ist dieser Prozess mit Schmerzen, mit Ängsten und Unsicherheit verbunden, aber er ist in jedem Fall heilsam.

Die **Karten der Liebe** unterstützen uns darin, uns so zu zeigen, wie wir wirklich sind – in unserer Menschlichkeit. Wir alle wollen gut, liebenswert und richtig sein. Doch das ist nicht alles, was wir sind. Wir alle haben unsere Schattenseiten, die wir weder uns selbst noch unserem Partner zeigen möchten ... Wenn wir unsere Schatten aber stets im Keller einsperren, zeigen wir uns nie ganz und entfernen uns immer weiter von uns selbst. Sind wir nicht wirklich in Kontakt mit uns selbst, dann bleibt unsere Beziehung hohl und unerfüllt.

Tobias dreht sich im Kreis. Er will Miriam nicht wehtun, sieht aber keine Möglichkeit mehr, sie zu schonen. Er beschließt, sich ihr so zu zeigen, wie er wirklich ist.

Eines Samstags, als die Kinder bei Oma sind, spricht er mit Miriam. Er erzählt ihr, dass er unzufrieden und unglücklich ist, sich fühlt wie ein Hamster im Rad – obwohl doch alles eigentlich so gut läuft. Miriam ist schockiert und verletzt, als er ihr gesteht, dass der Sex mit ihr für ihn zur Routine geworden ist.

Miriam und Tobias stehen an einem Punkt, wo sie die Wahl haben: Statt wie gewohnt mit „Angriff oder Rückzug" zu reagieren, haben sie die Möglichkeit dabeizubleiben – und die Kraft zu spüren, das, was gerade ist, einfach da sein zu lassen.

Wir können uns öffnen und uns selbst und unseren Partner wahrnehmen. Wollen wir genau wahrnehmen, so brauchen wir Mut und die Bereitschaft, ehrlich hinzuschauen. Miriam entscheidet sich dafür:

Statt wie gewohnt beleidigt aus dem Zimmer zu laufen, veranlasst irgendetwas Miriam dazu, innezuhalten und dabeizubleiben. Sie erkennt, wie viel es Tobias gekostet hat, sich ihr mit seiner Wahrheit zu zeigen. Das berührt sie und bringt sie dazu, sich und ihr bisheriges Leben einmal durch Tobias' Augen zu betrachten. Sie schaut ganz ehrlich hin und erkennt die festgefahrene Routine ihres Lebens. Alles scheint sicher und harmonisch zu sein … und langweilig. Miriam spürt eine tiefe Ohnmacht. Was könnte sie besser und richtiger machen?

Mit einem Mal wird ihr bewusst, wie angespannt und erschöpft sie sich tief innen fühlt. Wieso hat sie das bislang noch nicht wahrgenommen? Als sie noch tiefer in sich hineinschaut, verwandelt sich ihre Anspannung in Wut: All ihre Anstrengungen scheinen umsonst gewesen zu sein! Sie will so nicht weitermachen! Es ist, als ob eine lang unterdrückte Energie sich ihren Weg bahnt … und sie schreit.

Tobias ist zunächst entsetzt, doch dann erkennt er, dass Miriams Schreien genau das ausdrückt, was er jahrelang unterdrückt hat! Er spürt in sich ebenfalls diese Wut. Doch jetzt verdrängt er sie nicht. Er will endlich mal keine Rücksicht mehr nehmen, nicht mehr „richtig" und brav sein! … Und als er zulässt, dass die Wut durch ihn hindurchströmt, verwandelt sie sich in pure Lust. Er reißt Miriam an sich. Und Miriam lässt sich drauf ein … Die nächste Stunde ist reine Ekstase. Es fühlt sich an, als wäre ein Korsett gesprengt worden.

Wenn bestimmte Anteile jahrelang unterdrückt und nicht im Spiegel unserer Beziehung betrachtet wurden, können sie sich mit gewaltiger Kraft entladen – so, wie das hier bei Miriam und Tobias geschieht. Wir können uns immer wieder gegenseitig daran erinnern, in unserem Alltag präsent zu sein, uns ehrlich zu zeigen und unvoreingenommen hinzuschauen. Viele Paare trennen sich, weil sie den Mut für einen ehrlichen Blick in den Spiegel zu lange nicht gefunden haben.

Die **Karten der Liebe** helfen euch, indem sie euch darauf hinweisen, dass ihr das Kind im Partner sehen könnt, als wärt ihr seine Mutter oder sein Vater: Das Kind will nichts anderes als sich entwickeln und wachsen. Dieser Entwicklungsprozess dauert ein ganzes Leben fort und ihr könnt euch dabei gegenseitig nähren. Auf diese Weise entsteht zwischen euch ein Feld der Liebe, in dem Vertrauen gedeiht.

Miriam und Tobias haben noch etwas Zeit gebraucht, um das Geschehene zu verstehen. Sie wollen gar nicht so viel verändern; sie betrachten sich und ihre Beziehung jetzt einfach ehrlicher und vollständiger. Die Veränderungen kommen wie von selbst: Miriam entdeckt, dass sie endlich mal wieder Ferien ohne Familie machen will, mit ihrer besten Freundin. Tobias holt seinen alten Kajak aus der Garage. Endlich möchte er wieder mehr von seiner vitalen Kraft und Wildheit erfahren.

Miriam und Tobias sind froh, dass sie nicht weggelaufen sind, als es schwierig wurde. Sie waren bereit, wirklich hinzuschauen. Ihre Liebe ist größer als die Angst vor Wahrheit und Veränderung.

Die Geschichte von Miriam und Tobias hat uns gezeigt, dass wir uns und das Leben nicht nach unserem Idealbild formen können. Das Leben geht seine eigenen Wege.

Die **7 Schlüssel der Liebe** wecken unsere Bereitschaft, dabeizubleiben und hinzuschauen. Und das ermöglicht es uns, unseren Weg klar zu erkennen. Auf ihm sind wir untrennbar miteinander verbunden, eins in der Liebe.

6. Schlüssel: Vertrauen entdecken

Wenn wir eine tiefe Liebesbeziehung eingehen wollen, brauchen wir Vertrauen. Haben wir Vertrauen, so können wir uns dem anderen in unserer Verletzlichkeit zeigen und uns öffnen. Der Delfin auf den Karten des 6. Schlüssels lädt uns ein, uns in der Geborgenheit dieses Vertrauens wiederzufinden.

Wenn ihr euch mit den Eigenschaften des Delfins verbindet, werdet ihr etwas von seiner spielerischen Leichtigkeit erfahren: Stellt euch vor, ihr schwimmt durch das offene Meer, Lebenslust und Freude an der Bewegung lassen euch aus eurem natürlichen Element, dem Wasser, herausspringen und dann wieder hineingleiten in die Flut. Der Delfin denkt nicht darüber nach, ob er wohl auch wieder im Wasser landen wird – das geschieht ganz von selbst.

Für uns Menschen bedeutet zu vertrauen, dass wir so sein dürfen, wie wir sind, und dass wir aufgehoben sind in der Liebe – aufgehoben mit all unseren Schwächen, mit unseren Eigenheiten und unseren Verletzlichkeiten. Wir müssen nicht zuerst bessere Menschen werden. Die **7 Schlüssel der Liebe** weisen uns den Weg:

Beendet den Kampf.
Entdeckt euer tiefes Vertrauen
in euch, euren Partner, in das Leben.
Zeigt euch offen und verletzlich,
zeigt euch alles:
eure Wunden,
eure Freude,
euren Schmerz und euer Glück.
Jammert, wenn ihr es braucht.
Manchmal tut es einfach gut
zu vergessen,
dass Beziehung
die eigene Schöpfung ist.

Die meisten von uns können vollkommenes, rückhaltloses Vertrauen nicht einfach zulassen. Sie müssen es zuerst in sich selbst entdecken. Nicola hat es mit Leonhard gefunden:

Nicola wohnt seit zwei Jahren in der Stadt. Ein paar Bekannte hat sie zwar mittlerweile, aber richtige Freunde hat sie bis heute noch nicht gefunden. Ihre Arbeit lässt wenig Freizeit übrig und außerdem ist sie auch ganz gern allein, denn Menschen findet sie kompliziert. Als ihre Eltern sich vor zehn Jahren nach etlichen Zerwürfnissen endgültig trennten, lernte sie, Liebe als etwas Zerbrechliches und Schmerzvolles zu betrachten. Deshalb lässt sie heute keine nahen Beziehungen zu.

Beim Einkaufen lernt sie Leonhard kennen und da ist etwas, was sie an ihm anzieht: Sein unverstelltes Lachen wirkt so unglaublich sympathisch. Gleichzeitig ist sie innerlich in Alarmbereitschaft.

Leonhard ist verzaubert von Nicola. Ihre zurückhaltende, schüchterne Art berührt ihn und weckt seinen Beschützerinstinkt. Und als sie seine Einladung zum Kaffee ablehnt, spornt ihn das nur noch mehr an. Von nun an begegnen sie sich des Öfteren beim Einkaufen, sie plaudern ein wenig. Und Nicola erkennt langsam, dass sie diesen Mann wirklich mag. Wenn sie ganz ehrlich zu sich selbst ist, muss sie sogar zugeben, dass sie sich ein bisschen in ihn verliebt hat.

Nicola ist ein gebranntes Kind in Sachen „Liebe" und hat entschieden, Männern nicht zu vertrauen, denn sie hat Angst vor Verletzung und Schmerz. Es ist ein bisschen so, als ob sie eine Rüstung tragen würde, damit andere ihr nicht zu nah kommen.

Wir alle tragen einen solchen – mehr oder weniger – massiven Schutzpanzer mit uns herum. Hier fordern uns die **Karten der Liebe** auf, unsere Rüstung abzulegen, unseren Schutzschild niederzulegen, uns verletzlich und offen zu zeigen.

Eine Beziehung wirkt hier wie ein Katalysator. Unsere schmerzvollen Punkte werden berührt, wenn uns jemand nahe ist. Doch heute sind wir erwachsen und haben die Wahl, dabeizubleiben, uns nicht der alten Abwehrmechanismen zu bedienen. Fliehen wir nicht, so können wir die Erfahrung machen, dass der Partner nicht die Absicht hat, uns zu verletzen, dass wir sein Verhalten einfach falsch interpretieren. Oder wir erkennen, dass wir dem, was geschieht, nicht mehr so ausgeliefert sind wie früher, als wir noch Kinder waren. Genau diese Erfahrung macht Nicola.

Leonhard ist wirklich hartnäckig und so verabreden sie sich mehrere Male – natürlich ganz unverbindlich! Nicola weiß bald viel über Leonhard und sein Leben, weicht selbst aber immer wieder aus, wenn Leonhard etwas über sie erfahren will.

Eines Abends nach einem Glas Rotwein erzählt sie ihm dann doch ihre Geschichte. Es ist nicht nur die Trennung ihrer Eltern, die sie geprägt hat. Sie hatte auch eine kurze Liebesbeziehung, die für sie sehr schmerzhaft endete und ihr Misstrauen gegenüber anderen Menschen noch verstärkte. Leonhard hört einfach nur zu und Nicola fühlt sich von ihm gesehen ... und verstanden. Und so bekommt ihr Panzer einen Riss.

Am nächsten Morgen bereut sie, dass sie so viel von sich selbst erzählt hat. Es ist ihr fast ein wenig peinlich. Am liebsten würde sie Leonhard gar nicht mehr wiedersehen. Doch als Leonhard sie dann anruft, ist sie erleichtert.

Sie fasst sich ein Herz und gesteht ihm ihre Angst vor einer wirklich nahen Beziehung. Und wieder hört Leonhard einfach nur zu und lässt sie wissen, dass er dennoch sehr an ihr interessiert ist ... Er glaubt einfach fest daran, dass ihre Begegnung etwas Besonderes ist.

Jetzt hat Nicola die Wahl: Sie kann dem, was da ist, vertrauen – ihrer Zuneigung, ihrer Sehnsucht und ihrer Liebe. Oder sie entscheidet sich für den gewohnten, „sicheren" Rückzug.

Wenn ihr an einem solchen Punkt in eurem Leben steht, machen euch die **7 Schlüssel der Liebe** Mut. Angst ist etwas Natürliches. Ihr fühlt euch verletzlich und manchmal dauert es einfach eine Weile, bis ihr bereit seid.

Seit zwei Wochen wartet Leonhard schon darauf, dass Nicola ihn zurückruft. Doch sie hat sich in ihre Höhle zurückgezogen und wagt sich gerade nicht mehr heraus ... Sie fühlt sich, als ob sie vor einem tiefen Abgrund stehen würde. Soll sie wirklich das Risiko eingehen und Leonhard näher an sich herankommen lassen? Sie denkt an seine ehrliche Art, sein Unbeirrbarkeit und seinen Charme und sie merkt, dass es schade wäre, wenn sie noch länger zögern würde. Die Wahrheit ist: Sie will ihn. Ganz und gar. Und sie spürt ihre Verletzlichkeit, als sie ihn anruft und ihm sagt, dass sie ihn sehr gern wiedersehen möchte ... unbedingt, weil sie ihn liebt. Danach fühlt sie die Aufregung und das Glück, wie es in ihrem Bauch flattert!

Nicola hat es geschafft: Sie ist über ihren Schatten gesprungen! Sicher kennt jeder von uns solche Augenblicke, in denen er das Gefühl hat, vor einem Abgrund zu stehen – voller Angst und Misstrauen. Auch wenn wir schon länger zusammen sind, kann so etwas immer wieder geschehen. Wenn wir uns an der Klippe wiederfinden, haben wir Angst zu springen: Wer garantiert uns denn, dass wir einen Sprung ins Ungewisse überleben werden? In einem solchen Augenblick können wir uns von der tiefen Weisheit der **7 Schlüssel der Liebe** tragen lassen. Sie zeigen uns: Unter uns ist gar kein Abgrund, sondern ein weiter Ozean. Vielleicht ist die See gerade stürmisch oder es herrscht Flaute – wir können uns unbeschwert wie ein Delfin durch die Wogen gleiten lassen. Denn wir sind geborgen: Unter uns ist die Tiefe des Meeres. Wir sind geborgen im Vertrauen ... dass alles genau so ist, wie es sein soll.

7. Schlüssel: Einssein in Liebe

Mit dem 7. Schlüssel der **Karten der Liebe** schließt sich nun der Kreis: Unsere Bereitschaft, uns wirklich einzulassen, wurde gestärkt. Wir wurden eingeladen, uns selbst, unseren Partner und unsere Beziehung als reine Liebe zu erfahren. Die Karten der ersten sechs Schlüssel haben uns dazu ermutigt, im Fluss zu bleiben, zu vertrauen und Schwierigkeiten als Chancen anzunehmen. Sind wir zu all dem bereit, so können wir der Aufforderung des 7. Schlüssels folgen und uns ganz der einen Liebe hingeben, die über alles hinausgeht:

Werdet weiter und weiter,
bis das ICH sich in LIEBE auflöst.
Geht tief in die Mitte
von allem hinein.
Spürt dem Geheimnis
der Liebe in allem nach.

Wenn unsere Partnerschaft zu einem Raum der Liebe geworden ist, in dem wir fest verwurzelt sind, können wir aufhören, um uns selbst und um unsere Probleme zu kreisen. Unsere Seele fließt über vor Liebe. Stellt euch einen Baum vor, dessen reife Früchte von selbst herabfallen und anderen als Nahrung dienen. Genau so kann die Liebe in unserer Beziehung alle nähren, die uns nah sind. Dies ist die Erfüllung der Partnerschaft im TAO.

Ihr habt immer die Wahl,
der Liebe treu zu sein.
Öffnet euch für diese Liebe,
stellt euch ihr zur Verfügung:
Erlaubt der Liebe,
durch euch hindurch zu wirken.

Kehren wir noch einmal zurück zu Beate und Jürgen. Wir haben sie unter „1. Schlüssel: Das Geheimnis der Liebe" kennengelernt und miterlebt, wie sie Liebe als Grundlage ihrer Beziehung erkannten und vor schweren Prüfungen des Lebens nicht davonliefen, sondern sie als Herausforderungen und Chancen annahmen.

Beate und Jürgen sind jetzt schon in ihren späten Sechzigern. Sie haben keine Kinder und werden also auch keine Enkelkinder haben. Doch dieses Kapitel ihres Lebens haben sie gemeinsam längst abgeschlossen. Jetzt ist es an der Zeit, sich auf das Alter vorzubereiten. Sie haben einen großen Freundeskreis und viele Ideen … Die Kinder von Freunden sind auch schon auf sie zugekommen und haben nachgefragt, ob sie Interesse hätten, mit ihnen in einer Hausgemeinschaft zu leben. Sie hätten an sie gedacht, weil sie sich wohlfühlten in ihrer Gegenwart. Und die Kinder würden sich ebenfalls über so lebenslustige Ersatzgroßeltern freuen.

Jürgen und Beate nehmen das Angebot an und schon bald ist ihre gemütliche Küche der lebendige Mittelpunkt der Hausgemeinschaft. Hier gibt es immer eine Tasse Tee, ein Glas Wein, einen Teller Suppe; hier werden Spiele gespielt und mancher Ratsuchende findet hier ein offenes Ohr und eine Lösung für sein Problem.

Vielleicht habt auch ihr eine Sehnsucht, eure Lebenserfahrung in reiferen Jahren auf diese oder eine andere Weise anderen Menschen zur Verfügung zu stellen. Es ist der Fluss des TAO, der jeder Lebenszeit ihre eigene Bedeutung gibt. Jetzt ist die Zeit der Ernte und des Überfließens gekommen: Ihr könnt andere unterstützen durch euer liebevolles Sein … ohne Anstrengung.

Ihr müsst allerdings nicht so lange warten, bis ihr alt seid, wenn ihr die Früchte eurer Liebe mit anderen teilen wollt. Immer dann, wenn ihr euch auf die Herausforderungen des Lebens einlasst, wenn ihr ihnen nicht ausweicht, sondern euch ihnen stellt und eurer Liebe dabei treu bleibt, werdet ihr ein bisschen weiser werden und ein gutes Stück auf eurem Weg vorankommen. Und jeder Schritt führt euch ein Stückchen tiefer hinein … in das Geheimnis der Liebe.

Letztendlich sind wir alle auf dem Weg des TAO. Manchmal macht er Umwege, ein anderes Mal führt er uns in die Irre oder verlockt uns zu langer

Rast. Sind wir bereit, ihm bewusst zu folgen, dann können wir jede Etappe genießen. Die **7 Schlüssel der Liebe** betonen immer wieder, dass wir es sind, die wählen. Wir können gemeinsam Liebe erfahren oder Trennung herbeiführen.

Jede Person, die uns in den vorangegangenen Schlüsseln begegnet ist, hätte sich an den entscheidenden Punkten verschließen können. Sie hätte ihrer Angst und ihrem Misstrauen folgen können. Doch alle haben sich für die Liebe entschieden:

- *Sabine und Janis haben gelernt, ihrem inneren Fluss zu folgen und sich in ihrer Unterschiedlichkeit zu ergänzen. Jetzt können sie sich nah sein.*
- *Christian und Sandra waren bereit, von ihren starren Überzeugungen abzurücken und sich ihre Schwächen zu zeigen. Sie haben sich als wahre Freunde gefunden.*
- *Konstanze und Gerhard haben gelernt, sich selbst und einander Raum zu lassen. Und sie haben erfahren, wie es ist, sich einzulassen und sich zu berühren. So haben sie sich selbst in der Liebe entdeckt.*
- *Miriam und Tobias waren bereit, dabeizubleiben und einander ein ehrlicher Spiegel zu sein, als es nötig war. Jetzt sind sie beide freier als zuvor.*
- *Nicola und Leonhard haben sich Vertrauen geschenkt. Das war der Grundstein für ihre liebevolle Beziehung.*
- *Beate und Jürgen teilen die Früchte ihres Weges der Liebe mit anderen Menschen. Das schenkt ihnen Erfüllung.*

Die **7 Schlüssel der Liebe** bekräftigen all diese Entwicklungsmöglichkeiten. Und sie gehen noch einen Schritt weiter. Wenn wir ihnen folgen und den Weg des TAO bis zum Ende gehen, tauchen wir ein ... in das große Mysterium. Hier werden die Grenzen des ICH bedeutungslos. Sie lösen sich auf in dem Großen Ganzen, in der absoluten Liebe. Das ist das tiefste Geschenk der Partnerschaft: Sind wir bereit, miteinander alle Rollen zu spielen – Liebende, Freunde, Eltern, Kinder –, dann kann durch unsere Beziehung die tiefste aller Transformationen geschehen.

Beate und Jürgen sind beide jetzt Ende achtzig. Im letzten halben Jahr ist Jür-
gen immer schwächer geworden. Seit einer Woche ist es offensichtlich, dass
es für ihn zu Ende geht.

Beate sitzt an seinem Bett. Sie hält Jürgens Hand. Ganz leicht ist sie ge-
worden. Beate spürt, dass der Abschied nahe ist. Jürgen schläft. Die Stunden
vergehen, es ist ganz still. Gegen Mittag wird Jürgen wach. Er scheint weit
weg zu sein, sein Blick geht ins Leere. Doch allmählich kommt er zurück. Er
sieht Beate. Und sie erwidert seinen Blick. In diesem Augenblick steht die Zeit
still: Ein Mädchen und ein Junge lächeln sich an. Alles ist gut. Eine unendlich
tiefe Stille tritt ein und verwandelt sich in Seligkeit.

Stunden später kehrt Beate zurück aus dieser Stille und Jürgens Hand ist
kalt, sein Blick gebrochen. Noch immer klingt die Seligkeit in ihr nach. Sie
weiß nun: Selbst der Tod ist Liebe.

WIE IHR DIE **KARTEN DER LIEBE** VERWENDET

I m Folgenden möchten wir euch einige Anregungen geben, wie ihr die Karten der **7 Schlüssel der Liebe** am besten für euch nutzen könnt.

1. Als Orakel

bieten die **Karten der Liebe** Hilfe in jeder Lebenslage: Formuliert die Frage, die euch in eurer Beziehung gerade beschäftigt, so konkret wie möglich. Bedenkt dabei, dass die 49 Texte der Karten sich euch umso klarer erschließen, je tiefer ihr der augenblicklichen Situation auf den Grund geht und je ehrlicher ihr die Frage formuliert, mit der ihr euch den Karten nähert.

Mischt die Karten nun gründlich und breitet sie verdeckt in einem Fächer vor euch aus. Vereinbart, wer von euch die Karte ziehen wird (ihr könnt sie allerdings auch gemeinsam ziehen). Konzentriert euch auf eure Frage und spürt mit den Händen, welche Karte euch am meisten anzieht. Nehmt diese Karte. Falls ihr gemeinsam zieht, lasst euch genug Zeit, bis ihr so weit in Einklang seid, dass ihr euch beide zu derselben Karte hingezogen fühlt.

Lest den Text auf der Karte laut vor und lasst ihn eine Zeit lang auf euch wirken. Achtet auf Bilder, Gedanken, Gefühle ..., die euch zu Antworten auf die zu Beginn gestellte Frage führen können. Zur Vertiefung könnt ihr auch die entsprechende Übung der Karte machen (siehe Kapitel „Die **Karten der Liebe** – 49 Übungen", Seite 45 ff.).

2. Als Anregung für den Tag

eignen sich die Karten gut, wenn ihr neue Impulse in eure Beziehung bringen und euch von ihnen inspirieren lassen wollt.

Zieht morgens eine Karte der Liebe – wie unter 1. beschrieben – und lasst euch von dem Text der Karte durch den Tag begleiten. Vielleicht findet ihr auch Zeit, gemeinsam die zu der Karte gehörige Übung zu machen.

3. Das 7 x 7-Tage-Spiel

schenkt eurer Beziehung mehr Tiefe und lässt eure Liebe erblühen. Es kann eine wohltuende, heilsame Kur für eure Beziehung sein.

Wenn ihr euch für das Spiel entscheidet, bleibt dieser Entscheidung treu. Wann immer Widerstände auftauchen, kann das bedeuten, dass ihr an spannende Themen kommt; besonders interessant sind in diesem Zusammenhang Übungen, die ihr nicht mögt. Reserviert jeden Tag eine bestimmte Zeit für eure Übung (siehe Kapitel „Die **Karten der Liebe** – 49 Übungen", Seite 45 ff.). Für die Übungen müsst ihr euch in der Regel bis zu 30 Minuten Zeit nehmen, für einige braucht ihr allerdings auch 1 Stunde. Plant gemeinsam, wann ihr euch diesen Zeitraum in eurem Tagesablauf am ehesten frei halten könnt. Am besten zieht ihr morgens eine Karte und macht die dazu gehörende Übung sofort; sollte das nicht möglich sein, macht ihr sie am Abend, wenn Ruhe eingekehrt ist – so, wie es am besten für euch passt.

Wir empfehlen, dass jeder von euch ein Beziehungstagebuch führt, während ihr das 7 x 7-Tage-Spiel durchführt. Schreibt alle Erkenntnisse und Erfahrungen hinein, die ihr durch die Beschäftigung mit den Texten und durch die Übungen gewinnt bzw. macht, so könnt ihr eure „Entwicklung" jederzeit wieder nachvollziehen.

Es hat sich bewährt, dass jeder von euch abwechselnd je eine Woche lang die Verantwortung dafür übernimmt, dass ihr die Übungen auch macht.

Hier geben wir euch nun einige Anregungen für den praktischen Ablauf des 7 x 7-Tage-Spiels:

Einstimmung

Nehmt euch drei Tage Zeit, bevor das eigentliche Spiel beginnt. Stellt euch an jedem der drei Tage die folgenden Fragen:

❖ Wie erfüllend erlebst du unsere Beziehung auf einer Skala von 1 bis 10? (Wobei 10 für „in jeder Hinsicht erfüllend" steht.)
❖ Was fehlt dir in unserer Beziehung?

❖ Was würdest du gern verändern?

❖ Was wäre das Schönste, was uns das 7 x 7-Tage-Spiel schenken könnte?

Einer von euch beiden beginnt und stellt seinem Partner die Fragen – eine nach der anderen. Der Partner beantwortet sie. Danach tauscht ihr die Rollen. Plant dafür für jeden von euch 30 Minuten ein.

1. bis 49. Tag: Hauptprogramm

Zieht jeden Morgen eine **Karte der Liebe** und beschäftigt euch an diesem Tag mit ihrer Botschaft. Die dazugehörende Übung (siehe Kapitel „Die **Karten der Liebe** – 49 Übungen", Seite 45 ff.) bringt euch noch tiefer mit ihr in Kontakt. Verwendet jede Karte nur einmal. Karten, mit denen ihr schon „gearbeitet" habt, legt ihr bitte in eine separate Schachtel oder in eine Schale – so habt ihr euer Fortschreiten auf dem Weg des TAO jederzeit vor Augen.

Ausklang

Nehmt euch Zeit, eure Erfahrungen, die ihr mit dem 7 x 7-Tage-Spiel gemacht habt, in den Tagen und Wochen danach wirken zu lassen und sie auszuwerten. Folgende Fragen können euch dabei hilfreich sein:

❖ Wo stehen wir jetzt miteinander?

❖ Was hat sich in dieser Zeit verändert?

❖ Was war besonders wertvoll und unterstützend?

❖ Was haben wir gelernt?

❖ Was möchten wir dauerhaft übernehmen?

Wichtig: Wenn ihr Karte 49 im „7 x 7-Tage-Spiel" zieht, richtet ihr euch einen „Altar der Liebe" ein und setzt euch danach an den folgenden 7 Tagen – zusätzlich zur jeweiligen Tagesübung – noch mindestens 5 Minuten lang vor diesen Altar ... (siehe Übung auf Seite 96).

DIE **KARTEN DER LIEBE** – 49 ÜBUNGEN

D ie 49 Karten zu den **7 Schlüsseln der Liebe** sind durchnummeriert und zu jeder Karte gibt es eine Übung, die euch darin unterstützt, die Botschaft, die Essenz der Karte zu erfahren und mit euch selbst und eurem Partner tiefer in Kontakt zu kommen. Sinn der Übungen ist es,

* mehr Bewusstheit, Klarheit und Ehrlichkeit in euer gemeinsames Leben zu bringen. Oft verlieren wir im Alltag gerade diese wesentlichen Eigenschaften, die unser Dasein lebendig machen;
* starre Strukturen, die durch schmerzhafte Erfahrungen in der Vergangenheit entstanden sind, aufzuweichen. So werden in der Gegenwart offene Begegnungen in Liebe möglich. Und diese wiederum stärken eure Verbundenheit als Paar;
* eine gute und ehrliche Kommunikation als Grundlage für eine erfüllte Beziehung zu schaffen. In den Übungen geht es oft um diese Basis. Ihr bekommt Gelegenheit, euch zu zeigen und einander mitzuteilen;
* zu zeigen, inwieweit ihr bereit seid, euch offen und ehrlich zu begegnen. Je größer eure Bereitschaft dazu ist, desto größer ist auch der Nutzen, den ihr aus den Übungen zieht. Eure Fähigkeit, zu geben und zu nehmen, wird entwickelt und gestärkt.

Achtet außerdem auf eure innere Ausrichtung während der Übungen. Hier ein paar Hinweise:

* Seid während der Übungen in Kontakt – das bedeutet, dass ihr euch selbst, die eigenen Gefühle und den anderen bewusst wahrnehmt.
* Seid ganz aufmerksam und wach.
* Lasst die Antworten spontan aus dem „Nicht-Wissen" aufsteigen. Verlasst euch darauf, dass es eine tiefere Weisheit in euch gibt, die zur rechten Zeit die angemessene Antwort findet, ohne dass ihr lange nachdenken müsst.

❀ Hört dem anderen mit offenem Herzen zu und ohne zu werten. Manchmal kann es sein, dass euch die Antwort eures Partners tief berührt oder sogar an alte Verletzungen in euch rührt – bleibt in diesem Fall trotzdem ganz Zuhörer, auch wenn es manchmal schwierig scheint.

❀ Dankt eurem Partner für seine Offenheit und die Bereitschaft, sich mitzuteilen.

❀ Begegnet euch in den Übungen mit Achtung, mit Respekt und Mitgefühl. Als Zeichen eurer gegenseitigen Wertschätzung wollt ihr euch vielleicht zu Beginn und am Ende der Übungen voreinander verneigen.

❀ Wir empfehlen euch, nach der Übung nicht sofort über eure Erfahrungen zu sprechen, damit ihre Wirkung sich vertiefen kann.

Und abschließend möchten wir euch noch einige praktische Tipps zur Umsetzung der Übungen geben:

❀ Plant genügend Zeit ein: Die meisten Übungen dauern etwa 30 Minuten, manche weniger lang. Es gibt allerdings auch Übungen, für die ihr bis zu 1 Stunde Zeit brauchen werdet.

❀ Richtet euch einen schönen Platz für die Übung ein.

❀ Habt zwei Decken und Sitzkissen griffbereit.

❀ Für manche Übungen ist es nützlich, einen Kurzzeitwecker zu haben.

❀ Sorgt vor Beginn der Übung dafür, dass ihr ab jetzt ungestört seid (bringt die Kinder vorher ins Bett, schaltet den Anrufbeantworter ein, die Türklingel aus ...).

Bevor wir uns nun den einzelnen Karten und Übungen zuwenden, gibt es noch ein paar Dinge zum allgemeinen Aufbau der Übungen zu sagen. Folgende Elemente findet ihr in allen Übungen. Sie werden deshalb nicht jedes Mal wieder erwähnt:

1. Zu Beginn habt ihr Raum, euch kurz auszutauschen: Jeder von euch hat 2 Minuten Zeit, um dem anderen mitzuteilen, wie es ihm gerade geht. Der andere sagt nichts, er hört dabei einfach nur zu.

2. Ihr entscheidet, wer in der Übung Person A und wer Person B ist, etwa indem ihr eine Münze werft ... A beginnt.

3. Danach könnt ihr die jeweilige Übung machen.

4. Wenn ihr die Übung beendet habt, bleibt ihr gemeinsam noch 5 Minuten still sitzen – dadurch wird das, was ihr gerade erfahren habt, in euch noch tiefer erfahrbar und verankert.

Zirkelfragen

Übungen, die mit ↻ gekennzeichnet sind, enthalten sogenannte „Zirkelfragen". Eine Zirkelfrage ist eine Frage, die ihr – auf die folgende Weise – immer wieder stellt: Person A richtet die erste Frage an Person B. Diese antwortet spontan, ohne nachzudenken. A stellt diese Frage erneut und B antwortet. A stellt die gleiche Frage wieder und wieder, ohne auf die Antworten von B einzugehen – so lange, bis die angegebene Zeit abgelaufen ist. Jetzt geht A zur nächsten Frage über: Er stellt sie seinem Partner ebenfalls immer wieder, bis die Zeit abgelaufen ist.

Wenn alle Fragen gestellt sind, tauscht ihr die Rollen: Jetzt stellt Person B die gleichen Fragen und A antwortet. Es empfiehlt sich, die Fragen langsam und mit Bedacht zu stellen und dem Partner Zeit zu lassen, damit er mit tieferen Schichten in sich in Kontakt kommen kann.

1

Alles, was ist, gründet im TAO.
Es gibt nichts außerhalb.

Alles ist TAO,
TAO ist alles:
Du bist TAO.
Dein Partner ist TAO.
Eure Beziehung ist tanzendes TAO.

Im TAO seid ihr tief verbunden,
was auch immer sich an der Oberfläche zeigt.

TAO lebt in euch als Paar.
Es drückt sich durch euch aus.
Jede Erfahrung, die ihr gerade macht,
will vom TAO gemacht werden.
Gebt jeden Widerstand auf.

Heute erkenne das TAO
in deinem Partner.

Das Größere fühlen

Ihr sitzt einander bequem und mit aufrechtem Rücken gegenüber. Schließt die Augen. Sitzt einfach in Stille. Öffnet euch mit allen Sinnen ... nach innen und nach außen; seid offen und empfänglich für das Größere, das euch umgibt. Ihr habt jetzt 20 Minuten Zeit dafür. Zum Abschluss verneigt ihr euch voreinander.

2

Das TAO ist der Raum der Liebe,
der alles hält,
alles erlaubt,
alles willkommen heißt.

Erkenne, dass du TAO bist,
erkenne, dass dein Partner TAO ist,
und ihr seid frei.

Tanzt miteinander den Tanz des Lebens.
Genießt das große Spiel.

Heute akzeptiere deinen Partner so,
wie er ist.

Sich im anderen spiegeln

Tanzt euch warm (5 Minuten). Anschließend spiegelt Partner A zuerst den Tanz von Partner B (5 Minuten), danach spiegelt B dann den Tanz von A (5 Minuten). Zum Abschluss tanzt ihr miteinander, wie es euch gefällt (5 Minuten).

3

Ihr seid Kinder des TAO,
aus glitzerndem Sternenstaub gewoben;
ein großes Herz,
aus dem die Liebe fließt;
strahlendes Licht
in tanzender Bewegung.

Erkenne das Licht im anderen.
Erkenne, dass ihr Licht seid.

Heute sieh das Licht
in den Augen deines Partners.

Du bist Licht!

Ihr sitzt einander gegenüber. Schaue deinen Partner einfach an – mit wachen, entspannten Augen. Öffne dich dafür, das innere Licht in deinem Partner wahrzunehmen. Seht und erkennt dabei das Licht in eurem Gegenüber.
Nehmt euch 20 Minuten Zeit für diese Übung.

Öffne dich für alles,
was dein Partner in dir auslöst,
und Heilung und Verwandlung geschieht.

Niemand kann sich
aus dem Raum der Liebe entfernen.
Alles geschieht auf dem Boden der Liebe.

Erkenne die tiefe Verbundenheit
mit deinem Partner.
Erkenne die Einheit mit allem.
Du bist die Welle und der Ozean.

So geht ihr den Weg des TAO.

Heute sieh deinen Partner
als Diener und Geburtshelfer
deines Erwachens.

Wunschkonzert

Partner A sagt Partner B, was er gern von ihm hören möchte. Beispielsweise: „Du bist meine Traumfrau." B wiederholt diesen Satz so oft und auf genau die Art, wie A es sich von ihm wünscht. Experimentiert mit verschiedenen Aussagen. Nehmt euch 15 Minuten Zeit und wechselt danach die Rollen.

5

*Du hast die volle Verantwortung
für deine Beziehung
und zugleich ist da niemand,
der etwas tut –
da ist nur tanzendes TAO,
das sich ausdrückt in unzähligen Formen.*

Das TAO will jede Erfahrung machen.

*Versuche nicht,
deinem Partner Erfahrungen zu ersparen,
und dir selbst auch nicht.*

Vertraue dem TAO.

Heute erlaube, dass geschieht,
was geschehen will.

Gefühle ausdrücken

A drückt seine Gefühle in Form eines Tanzes aus und B sieht ihm dabei zu. Danach wechselt ihr die Rollen. Zum Abschluss tanzt ihr gemeinsam. Nehmt euch für jede Phase 10 Minuten Zeit.

Das Geheimnis der Liebe

6

Wenn du nichts willst,
wird dir alles geschenkt.

Wenn du nichts erwartest,
bist du offen, alles zu erfahren.

Wenn du nichts tust,
fließt du mit dem Leben.

Überlasse dich ganz dem TAO.
Vertraue seiner tiefgründigen Weisheit.
Lasse dich vom TAO tragen.

Heute gib dich dem Leben hin.

Zärtlich und sanft

A legt seinen Kopf in den Schoß von B und dieser streichelt sanft das Gesicht seines Partners. Nehmt euch dafür 15 Minuten Zeit.
Danach wechselt ihr die Rollen.

Alles spielt miteinander.

*Das TAO spielt durch euch
das große Spiel der Liebe.*

*Beim Spielen wird alles leicht:
Innere Räume öffnen sich,
Probleme lösen sich auf,
verborgene Kraftquellen beginnen zu fließen,
Freude steigt auf über das Wunder des Lebens.*

*Entspannt euch
in die unendliche Leichtigkeit des Seins hinein.*

Heute genieße das Spiel.

In verschiedene Rollen schlüpfen

Jeder von euch nimmt 5 Zettel zur Hand und schreibt auf jeden eine Rolle für seinen Partner. Nun zieht ihr beide einen Zettel von eurem Partner und schlüpft danach 30 Minuten lang in die entsprechende Rolle. (In diesem Rollenspiel kann Zorro beispielsweise Mona Lisa begegnen oder Don Juan auf Mutter Teresa treffen.)

Das Paar des TAO ist wie Wasser:
Beweglich und fließend
folgt es dem Lauf der Dinge,
offen für jeden Augenblick
und alles, was geschehen will.

Seid geduldig.
Fließt um Hindernisse herum.
Wartet, wenn es nicht weitergeht,
bis eine Öffnung sich zeigt.

Spürt die Kraft der Liebe, die lockt und ruft.

Verlasst den Kopf.
Gebt Rechthaben-Wollen auf.
Öffnet euer Herz weit und weiter.
Begegnet einander in tiefem Mitgefühl.
Zeigt euch alles: So werdet ihr zum Fluss.

Heute fließt miteinander durch den Tag.

Lachen und weinen

Lacht 10 Minuten miteinander. (Dafür braucht ihr keinen Anlass!) Anschließend weint ihr 10 Minuten miteinander. (Wenn euch das schwerfällt, tut einfach so, als ob ihr weinen würdet.) Zum Schluss verweilt ihr gemeinsam weitere 10 Minuten in Stille.

Lebt in der Gegenwart,
seid offen und erlaubt dem TAO,
euch zu bewegen und zu führen.

Gebt den Widerstand auf
gegen das, was ist.

Von Augenblick zu Augenblick
ist alles, was geschieht,
vom TAO gewollt.

Seid wie eine weiße Wolke,
die sich am Himmel bewegt:
Nicht wissend wohin, doch voller Vertrauen,
denn wohin auch immer der Wind euch treibt,
dort ist JETZT,
dort ist SEIN,
dort ist TAO.

Heute lasse dich durch den Tag treiben.

Gemeinsames Nicht-Tun

Verbringt 1 Stunde Zeit miteinander, ohne etwas zu tun: Ihr sprecht nicht. Ihr hört keine Musik. Ihr lest nicht. Fernseher und Stereoanlage bleiben ausgeschaltet. … Es gibt keinerlei Ablenkung. Schaut einfach, was zwischen euch geschehen will.

Im Fluss bleiben

10

Wollt ihr miteinander fließen,
wendet den Blick dorthin, wo ihr erstarrt seid.
Wollt ihr euch tief vertrauen,
findet heraus, wo die Angst wohnt.
Wollt ihr euch ehrlich begegnen,
deckt alle Lügen auf.

Schaut auf das,
was ihr vermeidet.
Stellt euch dem,
was ihr fürchtet.

Brennt im Feuer der Bewusstheit.
Was bleibt, ist LIEBE.

Heute bringe Licht und Bewusstheit
in alles hinein.

Ängste anschauen

Jeder von euch macht sich seine fünf größten Ängste bewusst, die er
in Bezug auf den Partner und eure Beziehung hat, und schreibt sie auf
(15 Minuten).
Danach tauscht ihr euch in einem ehrlichen Gespräch über eure Ängste
aus (30 Minuten).

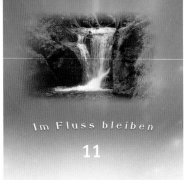

Es ist ein Wunder,
dass es deinen Partner gibt.
Es ist ein Wunder,
dass es dich gibt.
Es ist ein Wunder,
dass es diesen Augenblick gibt.

Freut euch,
dass ihr euch gefunden habt.
Feiert,
dass ihr miteinander lebt.

Lasst eure Herzen überfließen.

Heute feiert eure Liebe.

Die Liebe feiern

Jeder von euch bereitet ein Geschenk für den anderen vor, das seiner Liebe Ausdruck verleiht. Danach trefft ihr euch, beschenkt euch gegenseitig, tanzt 30 Minuten miteinander zu eurer Lieblingsmusik und seht euch dabei die ganze Zeit über verliebt an.

Im Fluss bleiben

12

Eure Beziehung ist immer in Bewegung,
sie wandelt sich von Augenblick zu Augenblick.

Wie ein Pendel
schwingt sie von Pol zu Pol:
Nähe – Abstand,
Intensität – Langeweile,
Offensein – Verschlossensein.

Erkenne
das Unwandelbare im Wandel,
das Unvergängliche im Vergänglichen …
das, was unbewegt ist,
schon immer.

Heute erkenne das, was sich nie ändert,
in deinem Partner … das Immergleiche.

Das ist typisch! ↻

A stellt B nacheinander immer wieder die folgenden Fragen:
• „Was ist typisch für mich?"
• „Was wäre untypisch für mich?"
B antwortet immer wieder auf die gestellte Frage. Wechselt die Rollen
nach 10 Minuten – für jede Frage sind 5 Minuten Zeit.

13

Erfreut euch aneinander
in jedem Augenblick,
jeden Tag neu.

Öffnet euch für die Fülle
und die Schönheit des Lebens.

Jeder Augenblick ist
ein kostbares Geschenk,
vergeudet keinen.

Das Leben ist kurz
wie ein Wimpernschlag,
so schnell vorbei.

Der Tod wartet schon.

Heute seid leicht miteinander.

Wie zwei Schmetterlinge ↺

A fragt B: „Was würdest du brauchen, um dich ganz leicht zu fühlen?",
und B antwortet. Wechselt nach 5 Minuten die Rollen.
Dann stellt ihr euch vor, eure Wünsche wären bereits in Erfüllung gegangen. Fühlt euch ganz leicht und tanzt miteinander wie Schmetterlinge.
Nehmt euch für diese Phase 10 Minuten Zeit.

Im Fluss bleiben

14

Dein Partner ist
ein Bote der Liebe.

Heiße ihn willkommen,
erlaube ihm einzutreten.

Zeige ihm alles von dir:
Das, was du gern zeigst,
und das, wofür du dich schämst,
das Offensichtliche und das Verborgene.

Alles, was du zurückhältst,
steht zwischen euch.
Alles, was du zeigst,
bringt euch einander näher.

Eure Beziehung sei
ein offenes Haus,
ein Tempel der Liebe.

Heute gehe offen durch den Tag.

Scham, Peinlichkeit und Vergebung ↻

- „Wofür schämst du dich?"   • „Was ist dir peinlich?"
- „Was hast du dir noch nicht vergeben?"
- „Was hast du mir noch nicht vergeben?"

Nehmt euch 3 Minuten Zeit für jede Frage, nach 12 Minuten wechselt
ihr die Rollen.

15

Jedes Verhalten deines Partners
gibt dir die Möglichkeit,
dich tiefer kennenzulernen,
zu wachsen, zu erwachen.

Für das TAO ist alles gleich.

Verhalten ist nur Verhalten
und berührt die Liebe nie.

Liebe ist die einzige Realität.

Fühle die Liebe ...
für dich,
für deinen Partner,
für das Leben.

Heute fühle die Liebe
im Verhalten deines Partners.

Einssein

Jeder von euch legt seine linke Hand auf sein eigenes Herz und die rechte auf das Herz des Partners. Spürt so die Liebe für euch selbst und für euren Partner. Nehmt euch für diese Übung 15 Minuten Zeit.

Glaubenssätze und Überzeugungen
geben nur scheinbar Sicherheit.
Lasst sie los, sie sind nur Krücken,
die euren Tanz behindern.

Zeigt euch verletzlich und offen.
Seid bereit, euch immer wieder
auf dem schwankenden Boden
des Nicht-Wissens zu begegnen ...
überraschend, anders, neu.

Findet tastend euren Weg.

Vertraut dem Wirken des TAO
in jedem Augenblick.

Heute verabschiede dich
von einer alten Überzeugung.

Rechthaben-Wollen aufgeben

Wählt ein beliebiges Thema, bei dem ihr unterschiedlicher Meinung seid. Nun hat Partner A die Gelegenheit, seine Meinung 10 Minuten lang energisch zu vertreten. Danach ist B – ebenfalls 10 Minuten lang – an der Reihe. Zum Abschluss tauscht ihr die Plätze und jeder von euch vertritt noch einmal 10 Minuten lang die Meinung seines Partners, als wäre es seine eigene.

Verzichtet darauf,
in die Vergangenheit
oder in die Zukunft auszuweichen.
Bleibt in der Gegenwart,
hier gibt es keine Probleme.

Lernt die einfachen Dinge
in der Gegenwart zu schätzen.

Bringt Bewusstheit in alles hinein:
Wenn ihr esst, dann esst.
Wenn ihr geht, dann geht.
Wenn ihr Tee trinkt, dann trinkt Tee.

Der gegenwärtige Augenblick ist
so einfach,
so kostbar.

Heute fließe
von Augenblick zu Augenblick.

In die Gegenwart kommen

Zuerst sagt die Frau zum Mann, dann der Mann zur Frau (je 5-mal):
• „Ich bin deine Frau/dein Mann. Ich bin deine Geliebte/dein Geliebter. Ich bin deine Freundin/dein Freund. Aber ich bin *nicht* deine Mutter/dein Vater."
• „Du bist mein Mann/meine Frau. Du bist mein Freund/meine Freundin. Du bist mein Geliebter/meine Geliebte. Aber du bist *nicht* mein Vater." (10 Minuten Stille)

Schwierigkeiten sind Chancen

18

Du wächst durch deine Erfahrungen:
Jede Situation dient
deinem Lernen und Erwachen.

Das Leben beschenkt dich reich –
jetzt, in diesem Augenblick.

Dein Partner ist
das Geschenk des Lebens
an dich.

In der Tiefe seid ihr miteinander verbunden,
in Liebe eins.

Das TAO segnet euch in jedem Augenblick.

Heute fühle die tiefe Verbindung
zu deinem Partner.

Welch ein Segen!

A wiederholt folgende Sätze, B hört zu (5 Minuten pro Aussage):
• „Du bist ein Geschenk der Liebe an mich."
• „Ich bin ein Geschenk der Liebe an dich."
Sprecht den Satz immer wieder aus. Macht längere Pausen, spürt immer
tiefer in die Essenz dessen hinein, was ihr sagt. Danach ist B an der Reihe.

Partner im TAO
sind versöhnt mit ihrem Leben.
Sie wissen:
Alles geschieht zur richtigen Zeit,
auf die richtige Art.

Es gibt keine Fehler, kein Versagen,
kein Richtig, kein Falsch ...
nur Erfahrungen,
aus denen man lernen kann.

Seid bereit, alles zu erleben,
alles zu sein,
alles zu zeigen,
alles zu geben –
so seid ihr Partner im TAO.

Heute lasse dich ganz ein
auf deinen Partner.

Verletzungen auflösen ↻

A fragt B: „Was hat dich verletzt?", und B antwortet ihm. Nach einem Augenblick der Stille sagt A zu seinem Partner: „Es tut mir leid", nach einer weiteren Pause stellt er seine Frage erneut. Nehmt euch hierfür 5 Minuten Zeit. Danach tauscht ihr die Rollen. Zum Abschluss haltet einander 10 Minuten lang in den Armen.

Schwierigkeiten sind Chancen

20

Das Leben schenkt viele Situationen,
die euch helfen aufzuwachen.

Lernt durch das Angenehme
und lernt durch das Unangenehme,
durch das Erwünschte
und durch das Unerwünschte.

Öffnet euch
für Freude und für Schmerz,
für Ekstase und für den Alltag.

Zweifelt am Zweifel,
enttäuscht jede Erwartung,
frustriert die Frustration.

Wenn alles vergebens ist, macht alles Sinn.

Ohne Hoffnung kannst du sehen, was wirklich ist.

Heute heiße jede Erfahrung willkommen.

Ohne Erwartungen sein ↻

A fragt B: „Was erwartest du von mir?", und B antwortet ihm. Nach 10 Minuten wechselt ihr die Rollen.
Zum Abschluss bekräftigt jeder von euch mehrmals: „Ich bin nicht dazu da, um deine Erwartungen zu erfüllen. ... Du bist nicht dazu da, um meine Erwartungen zu erfüllen."

Verlasse die ausgetretenen Pfade.
Gehe dorthin, wo du dich unsicher fühlst.
Tue Dinge, die dich Mut kosten.
Stelle dich deinen Ängsten.

Teile dich deinem Partner ehrlich mit.

Wie schön, wenn
eure Bewegungen und Schritte
sich immer wieder
überraschend und neu entfalten –
von Augenblick zu Augenblick.

So bleibt eure Liebe
wach und lebendig.

Heute überrasche deinen Partner.

Überraschung!

Frage dich selbst: „Was würde ich jetzt gern mit meinem Partner gemeinsam machen?" Nehmt beide drei Zettel und schreibt darauf je einen Wunsch. *Wichtig:* Das, was du aufschreibst, solltet ihr hier und jetzt tun können. Mischt die Zettel, zieht dann einen und setzt das, was darauf geschrieben steht, unmittelbar um. Nehmt euch bis zu 60 Minuten dafür Zeit.

Wenn ihr euch Raum gebt,
euch nehmt und lasst, wie ihr seid,
findet ihr Liebe, Freiheit und Erfüllung.

Woran du dich klammerst,
das wird dir genommen.
Was du bereit bist loszulassen,
das wird dir geschenkt.

Erlaubt allem zu sein.
Ladet alles ein:
jede Erfahrung,
jedes Gefühl.

So wird eure Beziehung
zu einem Weg der Heilung
und Freude tanzt in eurer Mitte.

Heute verzichte auf jedes Werten.

Die Kunst des Loslassens ↻

A fragt B: „Was bist du jetzt bereit loszulassen?", und B antwortet ihm.
Nach 5 Minuten wechselt ihr die Rollen. Macht zwei Durchgänge.

Eure Probleme und Schwierigkeiten
sind nicht real.
Sie sind wie Schleier,
die eurem Blick
das Wesentliche verhüllen.

Wende dich nach innen,
gehe in die Stille
zu dir selbst.
So findest du den Weg
zu Liebe und Freiheit.

Eure Beziehung –
ein Raum der Stille.

In der Stille ist alles enthalten.

Heute verweile mit deinem Partner
eine Stunde in Stille.

Die Einheit fühlen

Setzt euch einander gegenüber und seht euch 30 Minuten lang schweigend in die Augen. Lasst alles aufsteigen, was aufsteigen möchte.
Zum Abschluss verneigt ihr euch voreinander.

Alles ist notwendig,
wichtig und wertvoll
auf dem Weg.

Was gerade geschieht,
ist ein Geschenk.

Erlaubt euch,
tief in jede Erfahrung einzutauchen.

Seid bereit, alles zu erleben.
Es gibt keine Abkürzung, keinen Ausweg,
nur den Weg mitten hindurch.

So betretet ihr ein neues Land
und alle Unterschiede lösen sich auf.

Alles ist vollkommen, wie es ist.

Heute genieße die gemeinsame Reise
mit deinem Partner.

Damals ...

A erzählt seinem Partner 30 Minuten lang Erlebnisse bzw. Erfahrungen aus seiner Kindheit. B massiert A währenddessen die Füße und stellt immer wieder Fragen, die A dazu bringen, tiefer in das Erfahrene einzutauchen.

Danach wechselt ihr die Rollen.

25

Nimm dir Zeit,
allein mit dir selbst zu sein.

Lerne dich kennen.
Fühle dich wohl mit dir selbst.
Tanze mit dir selbst.

Tauche ein in die Stille
und in die Weite des Seins.

Fühle dein Einssein mit dem TAO.

Fühle die Liebe
für dich,
für deinen Partner,
für alles.

Es ist die gleiche Liebe,
die in allem schwingt.

Heute genieße deine Gegenwart.

Ich liebe mich

Heute verbringt ihr bewusst 30 Minuten getrennt voneinander in verschiedenen Räumen. Jeder schreibt in dieser Zeit einen Brief an sich selbst zu dem Thema: „Was ich an mir liebe".
Danach trefft ihr euch und tauscht euch 15 Minuten lang aus.

Beziehung ~ Weg der Heilung

26

Wenn du deinen Partner brauchst –
um deine innere Leere zu füllen,
damit er dir Aufmerksamkeit
und Anerkennung gibt,
damit du dich geliebt und wertvoll fühlst –,
bist du abhängig von ihm.

Entdecke, dass alles,
was du dir von deinem Partner erhoffst,
schon jetzt in dir selbst existiert.
So endet die Sucht
und du bist frei.

Wenn du dich als „Liebe" erkennst,
endet jedes Verlangen
und Stille kehrt ein.

Heute entdecke, dass alles
schon jetzt in dir ist.

Fühle dich beschenkt ↻

A stellt B die folgenden Fragen:
• „Wie fühlst du dich durch mich beschenkt?"
• „Worin besteht der Reichtum deines Lebens?"
A stellt die jeweilige Frage immer wieder und B antwortet immer wieder.
Nehmt euch für jede Frage 5 Minuten Zeit. Danach wechselt ihr die Rollen.

Alles, was ihr
aus eurer Beziehung fernzuhalten versucht,
was ihr zu verstecken, zu vermeiden versucht,
das wirkt im Verborgenen.

Wovon ihr loskommen wollt,
daran seid ihr gebunden.

Partner im TAO
gehen offen und bewusst
in jede Erfahrung hinein.

Sie schauen an,
was der Liebe im Weg steht.
Sie zeigen sich dem Partner ganz ...
mit allem.

Heute zeige deinem Partner etwas von dir,
was du bisher vor ihm verborgen gehalten hast.

Seinen Schatten zeigen ↻

Die Frau fragt den Mann: • „Was magst du nicht an uns Frauen?"
• „Was magst du nicht an deiner Mutter?" • „Was magst du nicht an mir?"
Der Mann fragt die Frau: • „Was magst du nicht an uns Männern?"
• „Was magst du nicht an deinem Vater?" • „Was magst du nicht an mir?"
Für jede Frage 5 Minuten Zeit und 10 Minuten zum Austauschen.

*Dein Partner bringt dich in Kontakt
mit vielen Gefühlen.
Manche davon magst du,
andere nicht.*

*Auch unter Verwirrung und Ablehnung,
unter Hass und Wut
fließt stetig und stark
der Strom der Liebe.*

*Grabe einen tiefen Brunnen
durch alle Schichten des Nein.*

*Entdecke in dir
das große JA der Liebe,
das alles beinhaltet
und alles verwandelt.*

Heute sage bedingungslos JA
zu dir und zu deinem Partner.

Bewusst streiten

Streitet 20 Minuten lang miteinander im „Gibberish-Stil" (Fantasie- und Lautsprache; knurrt, brabbelt, zischt, faucht ...; beispielsweise: „girbla fartusa blagrsch!"). Legt in dieses Streiten alles hinein, was zwischen euch steht. Werdet dabei ruhig laut. Zum Abschluss sitzt ihr 10 Minuten lang gemeinsam, aber jeder für sich in Stille mit geschlossenen Augen.

Dein Partner ist vollkommen einmalig ...
ein Geschenk an dich,
dein Spiegel.

Wenn du nichts willst,
nichts erwartest,
keine Vorstellungen hast,
wird Begegnung
in der Gegenwart möglich.

Dies ist der Raum der Freiheit.
Alles ist möglich,
nichts muss sein.

Wenn du mit allem einfach bist,
öffnet sich der Raum der Liebe
und das TAO tanzt.

Heute sieh das Besondere
in deinem Partner.

Du bist wie ...

Jeder von euch beiden findet 5 Bilder, die den Partner mit seinen positiven Eigenschaften beschreiben (z. B.: „Du bist wie ein Bergsee, so ruhig und still"; nehmt euch 15 Minuten Zeit).
Anschließend teilt ihr euch 15 Minuten lang abwechselnd mit, welche Bilder ihr für den anderen gefunden habt.

Öffne die Augen
für die Schönheit deines Partners.

Öffne die Ohren
für den Klang seiner Stimme.

Berühre seine Haut und fühle.

Lauscht auf die Stimme
eures gemeinsamen Herzens.
In der Stille
ist sie klar und deutlich zu hören.

Seid bereit
für Überraschungen und Wunder.

Entdecke, wer du bist
in der Gegenwart deines Partners.

Heute fühle dich
deinem Partner sehr nah.

Ganz nah ...

Ihr liegt oder sitzt 20 Minuten lang ganz nah beisammen (seid einander dabei zugewandt), umarmt euch und haltet euch, atmet in einem gemeinsamen Rhythmus.

31

Ihr seid Reisende ...
unterwegs seit vielen Leben.
Ihr erforscht
unbekannte Räume
und Dimensionen.
Ihr habt euch gefunden und verbunden,
um euch als LIEBE zu erkennen.

Zieht den Schleier der Gewohnheit weg.

Schau in die Augen deines Partners,
sieh genau hin:
Wer ist er
jenseits aller Namen,
jenseits aller Rollen und Identitäten?

Schau auf das,
was sich nie ändert.

Heute erkenne dich in deinem Partner.

Gesang des Herzens

Ihr steht einander gegenüber und seht euch an. A singt, was gerade aus seinem Herzen kommt – er setzt dabei auch Gestik und Mimik ein –, und B wiederholt den Gesang mit der gleichen Mimik und Gestik. Wechselt euch dabei immer wieder ab. Lasst zum Schluss zu, was immer geschehen will ... sodass ein gemeinsames Lied entstehen kann (20 Minuten).

*In deinem Partner wohnt ein Kind
mit großen, klaren Augen,
in denen sich der Himmel widerspiegelt.*

*Es ist verbunden mit allem
und fließt über vor Liebe:
ein Kind des TAO.*

Mache dich auf, dieses Kind zu finden.

*Gewinne sein Vertrauen,
bringe es zum Lachen,
freunde dich mit ihm an.*

*Sei ihm ein guter Vater,
eine liebende Mutter.*

So heilen alte Wunden.

Heute nimm Kontakt auf
mit dem Kind in deinem Partner.

Wieder Kind sein

A darf Kind spielen und B sorgt liebevoll für es – wie eine Mutter bzw. wie ein Vater. Danach tauscht ihr die Rollen. Zum Schluss kuschelt ihr euch wie zwei unschuldige Kinder aneinander, ohne dabei zu sprechen. Nehmt euch für jede Phase 10 Minuten Zeit.

Dein Partner ~ dein Spiegel

33

Erlaube deinem Partner,
dich zu sehen, wie du bist.

Zeige ihm alles:
deinen Schatten,
deine Schönheit,
dein Innerstes.

Dein Partner ist dein innigster Freund,
die Erfüllung deines tiefsten Wunsches
nach dir selbst.
Er ist du.

In Liebe seid ihr eins.

Heute zeige deinem Partner alles.

Was ich dir noch nicht gesagt habe ... ↻

A sagt zu B: „Was ich dir noch nicht gesagt habe, ist ..."
A hat 5 Minuten Zeit, danach ist B an der Reihe. Jeder von euch bekommt dreimal die Gelegenheit, seinem Partner all das mitzuteilen, was er ihm bislang noch nicht gesagt hat. Ihr braucht also insgesamt 30 Minuten Zeit.

Höre auf,
deinen Partner verändern zu wollen.
Es ist vergeblich:
Er ist so, wie er ist,
genau der Richtige.

Das Leben möchte,
dass du bewusst wirst,
dass du aufwachst.
Dafür wurde dir dein Partner geschenkt.

Das Leben gibt dir, was du brauchst,
nicht, was du willst.

Heute sei vollkommen glücklich
mit deinem Partner.

In der Partnerschaft lernen ↻

Zuerst stellt A seinem Partner die folgenden Fragen:
• „Was hast du durch mich gelernt?" • „Was kann ich durch dich lernen?"
• „Was ist durch mich in dein Leben getreten?"
B beantwortet die Fragen. Nehmt euch pro Frage 5 Minuten Zeit.
Danach wechselt ihr die Rollen.

Dein Partner ~ dein Spiegel

35

Dein Partner ist, wie er ist.

Wenn du ihn ansiehst
mit liebendem Blick,
ist alles vollkommen.

Vorstellungen sind die Samen für Enttäuschung.
Erwartungen behindern das Fließen.
Wertungen sind Verrat an der Liebe.
Befürchtungen machen eng und verkrampft.

Versuche nicht, deinen Partner zu verändern.
Nimm ihn, wie er ist – mit allem ...
und Liebe kann erblühen.

Heute sieh die Schönheit
und die Vollkommenheit deines Partners.

Was ich an dir liebe ... ↻

A fragt B: „Was liebst du an mir?" B antwortet ihm. (A stellt die Frage 10 Minuten lang immer wieder.) Dann sitzt ihr 5 Minuten lang in Stille mit geschlossenen Augen zusammen.
Nun fragt B und A antwortet. Danach sitzt ihr wieder 5 Minuten lang in Stille mit geschlossenen Augen zusammen.

Alles,
was in eurer Beziehung gerade geschieht,
wird euch vom Leben geschenkt.

Hört auf,
Widerstand zu leisten
gegen das, was ist.
Es gibt nichts anderes.

Beendet den Kampf.
Werft euch Hals über Kopf
in den Fluss der Liebe.

Entdecke dein tiefes Vertrauen
in dich, in deinen Partner, in das Leben.

Heute sage JA zu allem,
was zwischen euch geschieht.

Alles annehmen ↻

A sagt zu B:

• „Genau so, wie unsere Beziehung ist, ist sie richtig." • „Genau so, wie du bist, bist du richtig." • „Genau so, wie ich bin, bin ich richtig."

A wiederholt jeden Satz 5 Minuten lang immer wieder und mit Bedacht. Danach ist B an der Reihe.

*Mache deinem Partner
das Geschenk deiner Ehrlichkeit.*

*Teile dich mit –
ehrlich, aufrichtig, verletzlich.*

*Zeigt euch alles:
eure Wunden,
eure Freude,
euren Schmerz und euer Glück.*

Dein Partner ist dein eigenes SELBST.

*Zeige dich ganz
und die Liebe erblüht
wie eine wunderschöne Blume.*

Heute sei den ganzen Tag
ehrlich zu deinem Partner.

Mal ganz ehrlich ... ↻

- „Was sollte in deinem Leben anders sein?"
- „Was sollte in unserer Beziehung anders sein?"
- „Was sollte an mir anders sein?"

A stellt diese Fragen zuerst und B antwortet ihm (5 Minuten Zeit für jede Frage). Danach wechselt ihr die Rollen.

Manchmal tut es gut,
über deine Beziehung
und deinen Partner zu jammern.

Jammere, wenn du es brauchst.
Auch das gehört zur Liebe.

Manchmal tut es gut,
zu vergessen,
dass Beziehung
die eigene Schöpfung ist.

Wenn du genug gejammert hast,
gib dich neu der Liebe hin.

Erkenne die verändernde Kraft der Ehrlichkeit.

Heute jammere nach Herzenslust.

Heute jammere nach Herzenslust

A beginnt. Er hat 10 Minuten Zeit, sich über seinen Partner, die Beziehung und das Leben zu beklagen; danach ist B an der Reihe. Zum Schluss jammert ihr 10 Minuten lang gemeinsam.

Gib die Sucht auf,
deinen Partner und die Beziehung
zu kontrollieren.
Fühle deine Angst vor der Liebe.

Zeige dich offen und verletzlich.
Spüre, was der andere in dir auslöst.
Nimm es als Geschenk.

Stelle dich dem, wovor du davonläufst.
Bleibe einfach da,
inmitten des Fühlens findest du dich selbst.

Alles, was du von deinem Partner erwartest,
kannst du dir selbst geben.

Entdecke, dass alles in dir ist.
Entdecke, dass du alles bist.

Heute entdecke,
dass du selbst erfüllt bist.

Ganz angenommen sein

A fragt B: „Was sollte an dir anders sein?" B antwortet.
A erwidert darauf: „Für mich bist du ganz und gar richtig, so wie du bist."
(10 Minuten)
Danach wechselt ihr die Rollen.

*Lasst alle Wünsche,
Vorstellungen und Ziele
in Bezug auf eure Beziehung los.
Verzichtet darauf, in die Zukunft zu gehen.
Bleibt ganz im Hier und Jetzt,
so kann die Schönheit des Augenblicks
sich frei entfalten.*

*Seid bereit, einander immer wieder
ungeschützt, offen und verletzlich zu begegnen ...
ohne Wollen, ohne Tun.*

Lasst euch von der Liebe überraschen.

Heute begegne deinem Partner
ungeschützt und verletzlich.

Die Rüstung ablegen

Notiert euch je drei eigene Verhaltensweisen, die eurer Liebe im Weg stehen (10 Minuten). Danach sitzt ihr einander gegenüber und legt – abwechselnd – jeweils ein Kleidungsstück ab und sagt, was ihr damit symbolisch ablegt (z. B.: „Hiermit lege ich meinen Zwang ab, immer recht haben zu müssen"; 15 Minuten Zeit). Danach 10 Minuten aneinander kuscheln.

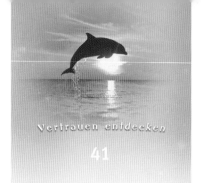

Lasse das Vergangene vergangen sein.
Sieh deinen Partner mit neuen Augen.

Nur was der Wahrnehmung
des gegenwärtigen Augenblicks entspringt,
ist lebendig, klar, erfüllt.

Gehe ganz auf im Jetzt.
Öffne dich für alles, was ist.

So ist eure Beziehung immer wieder neu.

In der Präsenz des Augenblicks,
in der Leere des Nicht-Wissens
fließen eure Herzen über.

Heute genieße die Gegenwart
mit deinem Partner.

Die Gegenwart erforschen ↻

A stellt B 15 Minuten lang immer wieder die folgenden Fragen:
• „Was ist jetzt bei dir?" • „Was fühlst/denkst du jetzt, in diesem Augenblick?"
B beschreibt mit geschlossenen Augen, was er wahrnimmt. A fragt immer wieder: „Was ist jetzt bei dir?" Danach wechselt ihr die Rollen.
Wichtig: Bleibt in der Gegenwart.

Vertrauen entdecken

42

Gemeinsam durchs Leben zu gehen,
miteinander zu lernen und zu wachsen,
sich tief in Liebe zu begegnen,
das ist ein kostbares Geschenk.

Partner im TAO sind erfüllt
von tiefer Dankbarkeit.

Sie nehmen nichts als gegeben
und erkennen in allem das Wunder.

Sie erkennen das Nicht-Selbstverständliche
im Selbstverständlichen,
das Besondere im Normalen.

Sie singen und tanzen
voller Freude und Leichtigkeit
im Raum der Liebe.

Heute tanzt im Raum der Liebe.

Tanz der Liebe

Legt eure Lieblingsmusik auf und tanzt (insgesamt 45 Minuten) miteinander: 15 Minuten davon mit offenen Augen, 15 Minuten mit geschlossenen Augen und danach weitere 15 Minuten wieder mit offenen Augen.
Wichtig: Ihr sprecht die ganze Zeit über kein Wort.

43

*Eure Beziehung ist ein Gefäß,
in dem die Liebe schwingt.*

*Wenn ihr euch
mehr und mehr
füreinander öffnet,
werdet ihr euch dieses Raumes gewahr.*

*Werdet weiter und weiter,
bis das ICH sich in LIEBE auflöst
und überfließt – in die Welt hinein.*

Heute öffne dich für den unendlichen
Raum der Liebe zwischen euch.

Gemeinsame Stille

Sitzt 30 Minuten miteinander in Stille. (Tragt zuvor gemeinsam Sorge
dafür, dass ihr in dieser Zeit nicht gestört werdet: Stellt den Anrufbeantworter an, die Türklingel aus, sagt den Kindern Bescheid ...)

Einssein in Liebe

44

*Seid mutig und taucht tief
in jede Erfahrung,
in jedes Gefühl ein.
Begegnet allem
mit Offenheit und Hingabe.*

*Jede Erfahrung –
ob schön oder schmerzlich –
will erlebt und gefühlt werden,
geht tief in die Mitte
von allem hinein.*

*Ladet alles ein.
Heißt alles willkommen.
Wenn alles sein darf,
ist die Liebe im Fluss.*

Heute lasse dich tief ein.

Was habe ich gesagt?

A hat 1 Minute Zeit, um B mitzuteilen, wie es ihm gerade geht. B wiederholt das Gesagte mit den Worten seines Partners so lange, bis A sich vollkommen verstanden fühlt. Danach wechselt ihr die Rollen.
Tauscht immer wieder die Rollen. Nehmt euch für diese Übung insgesamt 20 Minuten Zeit.

Einssein in Liebe

45

Die Liebe ist ein Geheimnis,
der tiefste Grund des Seins.

Dieses Geheimnis lässt sich
mit Worten nicht beschreiben.

Es ist in jedem von uns
und in allem, was lebt.
Es ist die unergründliche
Tiefe und Weite des SEINS.

Staune über die Größe der Liebe,
die alles umfasst und durchwirkt.

Sie ist die stärkste Kraft des Universums,
sie überwindet jedes Hindernis.

Sie ruft dich bei deinem Namen.

Heute spüre dem Geheimnis
der Liebe in allem nach.

Wer bist du? ↻

A sagt zu B: „Sag mir, wer du bist." B hat 10 Minuten Zeit zu antworten.
A sagt dabei immer wieder zu B: „Sag mir, wer du bist."
Danach wechselt ihr die Rollen.

46

Erkenne dich selbst
in den Augen deines Partners.
Es gibt keinen Fremden,
keinen anderen.

Wohin du auch schaust:
nur Spiegelungen deiner selbst.

Sieh die Schönheit deines Partners.
Fühle sein großes Herz.
Freue dich an seiner Gegenwart.

Fühle die Liebe in dir.
Lasse alles andere los.
Du bist Liebe.

Heute erkenne die Liebe
in den Augen deines Partners.

Die Liebe fließen lassen

Tanzt 30 Minuten lang eng umschlungen miteinander zu langsamer Musik.

Fühlt die Liebe, die ihr für euren Partner empfindet, und lasst sie durch euren Körper, durch euer Herz und durch eure Augen zu ihm hinfließen.

Einssein in Liebe

47

Liebe ist die größte Kraft im Universum.
Sie ist der Boden,
auf dem Beziehung wächst.
Sie ist der Raum,
in dem eure Beziehung sich entfaltet.

Öffne dich für diese Liebe.
Stelle dich ihr zur Verfügung.

Erlaube der Liebe,
durch dich hindurch zu wirken.

Lasst euch von der Liebe beschenken.
Lasst euch von der Liebe heilen.

Heute öffne dich
für die heilsame Kraft der Liebe.

Ich nehme dich an ↻

A stellt B die folgenden Fragen (jeweils 5 Minuten Zeit):
• „Was in meinem Verhalten bereitet dir Schwierigkeiten?"
• „Was ist das Gute daran?"
Und B antwortet.
Danach wechselt ihr die Rollen.

Einssein in Liebe

48

Liebe ist der tiefste Grund des Seins:
Alles ist von ihr erfüllt. Nichts ist von ihr getrennt.
Sie durchwebt das Universum.

Sie umgibt euch von allen Seiten
wie das Wasser den Fisch.
Ihr seid aus Liebe gemacht:
Auch wenn ihr sie gerade nicht erkennt,
so ist sie doch immer da.

Liebe führt euch zusammen.
In Liebe seid ihr verbunden.

Diese allumfassende Liebe
kann der Verstand nicht begreifen,
das Herz hingegen ruht in ihr.

Erkennt euch als Liebe.

Heute zeige deinem Partner, wie sehr du ihn liebst.

Ich bin für dich da ↻

A stellt B folgende Fragen (5 Minuten Zeit pro Frage):
• „Wie und worin erlebst du mich als unterstützend?"
• „Wie und worin könnte ich dich noch besser unterstützen?"
B antwortet.
Danach wechselt ihr die Rollen.

Einssein in Liebe

49

Liebe ist der Boden,
auf dem eure Beziehung blüht.

Du hast immer die Wahl,
der Liebe treu zu sein
oder dich von ihr zu entfernen,
dich ihr hinzugeben
oder dich von ihr abzuwenden,
ihr zu dienen
oder alten Mustern zu folgen.

Die Liebe ist sich selbst immer treu.
Die Liebe bleibt sich selbst immer gleich.
Die Liebe ist immer dieselbe.

Heute sei der Liebe treu.

Der Altar der Liebe

Richtet euch einen „Altar der Liebe" ein mit wundervollen Fotos von euch beiden, mit Symbolen der Liebe. Nehmt euch dafür 1 Stunde Zeit.

Anregung: Setzt euch in den nächsten 7 Tagen jeden Tag mindestens 5 Minuten lang vor den Altar. Betrachtet ihn, schließt dann die Augen, haltet euch an den Händen und stimmt euch auf die Schwingung der Liebe ein.

Ein kurzes Schlusswort

Liebe Partner auf dem Weg der Liebe, wir schätzen uns glücklich, dass wir euch die **Karten der Liebe** überreichen dürfen. Welche Türen ihr damit öffnet, das liegt jetzt ganz an euch.

Ihr könnt regelmäßig mit den **7 Schlüsseln der Liebe** arbeiten, ab und zu eine Karte ziehen oder sogar das 7 x 7-Tage-Spiel spielen. Die Schlüssel der Liebe werden euch begleiten und die lebendige Tiefe und Weite des TAO wird euch inspirieren.

Willkommen im zeitlosen Raum der Liebe!

Dank

Die **7 Schlüssel der Liebe** sind das Geschenk unserer gemeinsamen Beziehungs-Reise. Sie sind inspiriert durch die Begegnung mit vielen wunderbaren Menschen. Wir sind allen zu Dank verpflichtet, von denen wir die Kunst der glücklichen Beziehung lernen durften. Außerdem danken wir all unseren Klienten und unseren Seminarteilnehmern, denen wir Beistand und Inspiration sein durften auf ihrem Weg.

Unser ganz besonderer Dank gilt unseren Eltern, die uns die Liebe in ihren wechselnden Facetten vorgelebt haben.

Über die Autoren

Samira und Amir Hein Ahler sind Trainer für NLP, Coaching, Hypnotherapie und Systemische Aufstellung. Sie sind ausgebildet in Enneagrammarbeit und spiritueller Therapie. Seit über zwanzig Jahren studieren, erforschen und leben sie das praktische TAO. Sie vermitteln Know-how für erfolgreiche Kommunikation und Coaching in Kombination mit Methoden zur intensiven Persönlichkeitsentfaltung.

Ihr besonderes Anliegen ist es, Menschen in der Verwirklichung einer glücklichen Beziehung zu unterstützen.

Samira und Amir Hein Ahler bieten regelmäßig Seminare für Paare an:

Die 7 Schlüssel der Liebe
Gelungene Kommunikation für Paare

Weitere Informationen über die Seminartätigkeit und Coaching-Angebote erhalten Sie unter:

NLP Centrum Freiburg
Amir & Samira Ahler
Rathausgasse 2
79098 Freiburg

www.nlp-centrum-freiburg.de
Tel.: 0761/2 11 99 26
E-Mail: zentrumnlp@aol.com

Literaturempfehlungen

Ablass, Werner: *Gar nichts tun und alles erreichen. Entdecke deine wahre Natur.* Omega-Verlag, Aachen 2006

Ahler, Amir und Samira: *Das Tao des Erwachens. Tao-Weisheit für den Weg in die Freiheit.* Videel Verlag, Niebüll 2006

Fischer, Theo: *Wu Wei. Die Lebenskunst des Tao.* Rowohlt Verlag, Reinbek bei Hamburg 2005

Gangaji: *Der Diamant in deiner Tasche. Licht und Liebe in sich entdecken.* Goldmann Verlag, München 2009

Linchitz, Rick: *Jeder Augenblick ist Gnade. Über das Glück NICHTS zu sein.* Kamphausen Verlag, Bielefeld 2007

Laotse: *Tao Te King.* Diederichs Verlag, München 2008

Martin, William: *Das Tao Te King für Eltern.* Aurum im Kamphausen Verlag, Bielefeld 2005

Osho: *Das Buch der Frauen. Die Quelle der weiblichen Kraft.* Ullstein Verlag, Berlin 2004

Osho: *Das Buch der Männer. Die Krise als Chance nutzen.* Ullstein Verlag, Berlin 2004

Osho: *Mann und Frau. Tanz der Energien.* Goldmann Verlag, München 2007

ONE SPIRIT –
Wisdom and Music

Das aufwändig und
wunderschön gestal-
tete Buch und die CDs
spiegeln den erhebenden
Geist des alljährlich an
Pfingsten stattfindenden
Rainbow-Spirit-Festivals
in Baden-Baden wider.

Mit Portraits der Künstler und Weisheitslehrer und einer Zusammenstel-
lung der schönsten musikalischen Highlights von *Deva Premal & Miten,
Sat Hari Singh, Milarepa, Prem Joshua, Peter Makena, Satyaa & Pari, Jai
Uttal, Felix Maria Woschek, Peter Graef, Kailash, Steven Walters, Nikolay
Oorzhak, Hans Fischer & Tilmann Höhn* u. a.

Wer das Festival noch nicht kennt, der lese und höre ... und ist dann beim
nächsten Mal vielleicht selbst dabei!?

98 Seiten, gebunden, durchgehend mit farbigen Fotos illustriert;
2 CDs, 125 Min., inkl. Movieclip

€ 19,90
ISBN 978-3-939570-49-3

Victoria Boutenko

Green
for *Life*

Smoothies sind Trend! Grüne Smoothies sind absolut revolutionär – das fehlende Element in einer gesunden Ernährung. Dieser Wundertrunk enthält Ballaststoffe und Proteine, Vitamine, Mineralstoffe, Spurenelemente, Enzyme und Antioxidanzien – also alles, was der menschliche Körper braucht, in großer Fülle. Grüne Smoothies werden aus grünem Blattgemüse und anderem Gemüse, Wildkräutern und Früchten in einem leistungsstarken Mixer zubereitet. Boutenkos Studie hat bestätigt:

Wer regelmäßig grüne Smoothies trinkt, kann seine Gesundheit deutlich verbessern! Außerdem eignet sich dieses vor Vitalität strotzende Getränk hervorragend für eine Entgiftungs- und Reinigungskur im Frühjahr. Eine lebendige und wohlschmeckende Nahrung, die Ihnen spürbar mehr Energie schenkt, und dabei vollwertig und leicht verdaulich ist.

189 Seiten, mit zahlreichen Abbildungen

€ 16,90
ISBN 978-3-939570-43-1

Tanmaya Honervogt

Reiki –
Das große Praxisbuch

Reiki ist eine einfache und auf der ganzen Welt verbreitete Heilmethode für Körper, Geist und Seele, die Ende des 19. Jahrhunderts von Dr. Mikao Usui wiederentdeckt wurde. Reiki kann jederzeit und überall angewendet werden, denn seine Wirkung beruht auf der kraftvollen Universalen Lebensenergie, die uns unbegrenzt zur Verfügung steht, wenn wir einmal dafür geöffnet worden sind, sie zu kanalisieren.

252 Seiten mit zahlreichen Farbfotos

€ 19,90
ISBN 978-3-939570-42-4

Tibor Zelikovics

Zeitenwende
2012

Wir nähern uns mit großen Schritten der Wintersonnenwende am 21./22. Dezember 2012 – dem Enddatum des Maya-Kalenders. Dieses Datum markiert einen Wendepunkt in der Geschichte. Alle Aspekte unseres Lebens – politische, ökonomische, technologische, spirituelle – werden in den kommenden Jahren einem radikalen Wandel unterliegen. Uralte Quellen sprechen von einer charismatischen Persönlichkeit, die auf der Weltbühne erscheinen wird, um die Menschheit in eine neue globale Ordnung zu führen. Handelt es sich hierbei um Barack Obama? Wenn ja, welche Rolle wird er beim Aufbau einer neuen Weltordnung spielen? Der dreistündige Multimedia-Vortrag mit reichem Bildmaterial beleuchtet aktuelle Themen und geht darauf ein, wie wir uns auf die Übergangszeit vorbereiten und sie unbeschadet und glücklich überstehen können.

2 DVDs, 180 Min.

€ 24,90
ISBN 978-3-939570-48-6